西江流域的铜鼓文化

陈洪波　赵腾宇　著

科 学 出 版 社
北　京

内 容 简 介

铜鼓是广泛分布于中国南方和东南亚地区的民族文物，西江流域是铜鼓的重要分布区。两千多年以来，西江流域的铜鼓文化形成了自己的区域传统，成为瓯骆地区最具有代表性的民族文物之一。本书对于西江流域铜鼓文化的来源与特点、社会文化功能、铸造技术、与周边区域铜鼓文化之间的关系进行了具体的介绍和分析，同时还进一步对铜鼓作为非物质文化遗产保护和利用的策略提出了建议。

本书适合考古专业及相关专业高等院校学生、研究者参考阅读。

图书在版编目（CIP）数据

西江流域的铜鼓文化 / 陈洪波，赵腾宇著. —北京：科学出版社，2019.1
ISBN 978-7-03-060333-3

Ⅰ.①西… Ⅱ.①陈… ②赵… Ⅲ.①西江-流域-铜鼓-文化研究 Ⅳ.① K875.54

中国版本图书馆 CIP 数据核字（2019）第 008174 号

责任编辑：赵 越 / 责任校对：邹慧卿
责任印制：张 伟 / 封面设计：陈 敬

科学出版社 出版
北京东黄城根北街 16 号
邮政编码：100717
http://www.sciencep.com
北京厚诚则铭印刷科技有限公司 印刷
科学出版社发行 各地新华书店经销

*

2019 年 1 月第 一 版　开本：720×1000　1/16
2020 年 8 月第三次印刷　印张：11 1/2
字数：250 000

定价：168.00 元
（如有印装质量问题，我社负责调换）

广西高校人文社科重点研究基地"桂学研究院"建设成果

广西师范大学文化遗产研究中心科研成果

前　　言

　　铜鼓是在中国南方及东南亚地区广泛流行的一种青铜重器，最早出现于公元前7世纪，沿用至今已有2600多年的历史。铜鼓使用的地理范围很大，广泛分布于中国云南、贵州、四川、广西、广东、湖南、重庆、海南等8个省份，以及泰国、缅甸、老挝、越南、马来西亚、印度尼西亚等东南亚国家。在漫长的发展演变过程中，铜鼓已经成为这些地区民族生产生活不可或缺的一部分，并与政治、经济和生活习俗紧密相连，创造了灿烂的铜鼓文化。铜鼓和铜鼓文化是这一地区从事稻作生产的各民族2600多年来社会发展、文明交往无法磨灭的记忆，也是这一地区各民族积极进取、繁衍生息的生动体现，蕴含着这些稻作民族对人与自然相互依存关系的朴素思考，表达了该地区稻作民族追求美好生活的共同价值观。

　　自19世纪末20世纪初开始，国内外学术界都对铜鼓和铜鼓文化进行了大量研究。关于铜鼓起源、分类、传播、社会功能、族属等方面的研究，中外学术界成果斐然。历来在铜鼓研究上多为专题性研究或全局性研究，在研究范围也多采用国别或行政区划，从流域视角观察者较少。实际上，西江流域虽然不是铜鼓最早的发源地，但却是后来铜鼓文化的中心之一。这里的民族接受了外来的铜鼓文化，发扬光大，创造了铜鼓的多个重要类型，颇具区域特征。故而将西江流域作为一个单独区域来观察铜鼓文化的发展流变，在考古学、历史学和民族学上都具有学术依据。

　　西江流域面积广大，地理位置特殊，流域范围内的铜鼓类型包含了除遵义型、西盟型以外的六大类型，可以说是铜鼓文化传播发展的中心地带，是铜鼓文化由云南中西部向东传播之后的"第二次革命"，繁荣程度比起铜鼓文化的原生地有过之而无不及。

　　本书结合文献资料、相关考古发现及西江流域地区各省市铜鼓文化的保存现状，力求还原西江流域铜鼓文化的面貌，为当代学术界研究西江流域铜鼓文化提供一些初步参考。

　　由于各种各样的历史原因，大量从古至今流传下来铜鼓被毁坏，以铜鼓为载体的铜鼓文化也几近消亡。改革开放以来，随着我国经济水平的提升，文化软实力的建设也日益受到重视,民族传统文化的复兴成为时代主题。铜鼓文化是中国南方少数民族地区最具有代表性的民族文化,近20年来,虽然以壮族为代表的一些民族恢复了使用铜鼓的习俗,但是我们看到,与历史上繁盛时期的铜鼓文化相比,现在使用铜鼓的地域范围小、人数少,大量相关的舞蹈、歌谣、技艺等濒临消亡。为保持文化多样性,复兴我国少数民族人民创造的这一珍贵的历史文化遗产,保护、发展与传承铜鼓文化十分重要。

国内外对于铜鼓的研究已经有一个多世纪的历史,虽然以西江流域为视角的研究较少,但是由于西江流域是铜鼓文化的中心区域,所以与之相关的成果十分丰富。现就国内外关于西江流域铜鼓文化的研究成果略作介绍。

国外学者对于铜鼓的研究始于19世纪末,特别是对铜鼓的起源、类型、分布、断代、族属、社会功能等方面的研究取得了丰硕的成果。1884年,德国德累斯顿枢密官、考古学家A. B. 迈尔(A. B. Meyer)发表了《东印度群岛的古代遗物》,介绍了自19世纪中叶以来在当时荷属东印度群岛出土的铜鼓,将巴达维亚铜鼓的图片和留存欧洲的铜鼓资料一起发表,为以后欧洲兴起的"铜鼓热"开了先河。1897年,A. B. 迈尔和他的助手W. 夫瓦(W. Foy)又搜集东印度群岛出土的铜鼓和流散在欧洲的中国铜鼓进行对比研究,完成了《东南亚的青铜鼓》一书。1898年,荷兰汉学家狄葛乐(J. J. M. de Groot)以《东南亚的青铜鼓》一书为基础,发表了《东印度群岛及东南亚大陆铜鼓考》一书。狄葛乐广泛征引中国古代文献,对铜鼓来源提出了比较正确的看法,纠正了德国汉学家夏德(Frederick Hirth)认为铜鼓是马援或诸葛亮所创的观点,第一次证明铜鼓是中国南部少数民族的作品,而且认识到铜鼓是权力的象征。

经过19世纪末的广泛讨论之后,20世纪初诞生了一部铜鼓研究的集大成之作。1902年,奥地利维也纳帝国和皇家博物馆人类学和民族学部的负责人弗朗茨·黑格尔(Franz Heger)出版了他的德文名著《东南亚古代金属鼓》。在这本书中,作者对165面铜鼓实物进行了详细的记录,包括它们的尺寸、重量、花纹、铭文、形态等,并将这些铜鼓划分为4个主要类型和3个过渡类型,分别探讨了它们的分布地区、铸造年代和反映的文化内容。他明确地把铜鼓的起源与中国西南和印度支那部落相联系,否定了马援和诸葛亮发明铜鼓的说法。这部书是20世纪初西方学者研究铜鼓的经典之作,具有划时代意义。此后近一个世纪以来,铜鼓研究界基本上遵循他的分析框架,并以新的发现和新的成果不断充实和阐发他的观点。

黑格尔之后,铜鼓研究仍然长盛不衰,新的资料和论著不断出现,有关铜鼓的起源、族属、功用等方面,成为学者们的热门话题。一战后,研究铜鼓的西方学者主要集中在越南河内的法国远东学院（法语：École française d'Extrême-Orient，简称EFEO，越南语：Viện Viễn Đông Bác cổ），这里也成为世界铜鼓研究的重要基地。1918年法国学者H.巴门特尔（H. Parmentier）最先发表《古代青铜鼓》一文，他于黑格尔著作之外，追加漏载的铜鼓23面，并将搜集到的122面铜鼓资料，按黑格尔的分类法作了分类。其后法国人V.戈鹭波（V. Goloubew）在1929年和1932年相继发表了《东京及安南北部青铜器的年代》和《关于金属鼓的起源和流布》两篇文章，根据越南东山遗址出土的汉代遗物，确定东山铜鼓（黑格尔Ⅰ型）的年代为公元1世纪中后期，对铜鼓铸造的年代和铜鼓铸造工艺的来源做出新的解释。1932年奥地利学者H·戈尔登（R. Heine-Geldern）发表的《远古印度支那金属鼓的意义及其由来》一文，大体同意戈鹭波关于玉缕铜鼓上的图案是表示死者祭祀仪式的说法。他认为，铜鼓是东南亚各民族普遍存在的宝物之一，其用途不仅限于葬仪和祭祀祖先，唯因为其贵重，才被用来给死者殉葬。此后巴门特尔、高本汉（B. Karlgren）、盖埃勒（U. Gueler）、来维（Paul Levy）等人，也发表了不少研究铜鼓的文章。但关于铜鼓的起源仍争议纷纷，他们只知道公元前后中国南方确已使用铜鼓，铜鼓不会是马援、诸葛亮创制的，但到底是出自汉民族之手还是少数民族之手，仍无定说。

日本是铜鼓研究的重要国家，对于铜鼓的研究开展也比较早。早期比较著名的学者有鸟居龙藏、松崎益城等人，其中鸟居龙藏曾在1902年到中国贵州等地考察，并将搜集到的铜鼓带回日本，后发表了《关于我带回的一面铜鼓》一文，收录于《鸟居龙藏全集》中。20世纪30年代以来日本发表了一批重要的铜鼓研究论文，包括原田淑人《有关铜鼓制作年代的考察》（1937年）、日野岩《关于马来联邦巴生出土的铜鼓》（1958年）、市川健二郎《青铜鼓的起源》（1958年）、冈崎敬《石寨山遗迹与铜鼓问题》（1962年）、梅原末治《南亚的铜鼓》（1962年）、松本信广《古代稻作民族宗教思想之研究——通过古铜鼓纹饰所见》（1965年）等。这些论文主要依靠西方学者发表的资料和越南博物馆的实物进行研究，内容涉及铜鼓的起源、分布、年代、使用民族、纹饰及铸造工艺等问题。在铜鼓分类上，日本学者基本上沿袭黑格尔的体系，研究水平没有超过西方学者。

20世纪70年代，中日关系正常化，日本学者重新有机会可以到中国南方诸省开展田野调查、学术交流等活动。东京大学今村启尔发表的《古式铜鼓的变迁和起源》一文，以前人积累的数据为基础，运用日本考古学所擅长的器物类型研究，梳理了古代铜鼓系列发展的过程，并对早期铜鼓问题提出了新的观点。

1973年以来，今村启尔教授和鹿儿岛大学的新田荣治教授对东南亚铜鼓进行了一些调查，对黑格尔的分类进行了一些修正，发表了诸如《论黑格尔Ⅰ式铜鼓的二个系统》等文章，但未涉及铜鼓文化方面的研究。近几十年来，日本学者同中国、越南等国家的学者合作，在这些国家的一些地区开展实地调查，取得了许多新的成果，也涌现出了吉开将人等新一代学者。他们的主要贡献在于：一是对早期铜鼓的研究，确定了黑格尔分类之外有一个比黑格尔Ⅰ型铜鼓更为原始的类型，即先黑格尔Ⅰ型；二是在铜鼓分类中，明确提出同一时代同一类型铜鼓中有东、西两个系统，把黑格尔Ⅰ型区分出石寨山系和东山系，将黑格尔Ⅰ型中期和晚期（冷水冲型）鼓，分成东组（邕江式和浔江式）和西组（红河式），对黑格尔Ⅱ型鼓，除了分出东（北流型）、西（灵山型）两组外，主张把越南的Ⅱ型鼓另辟一型，命名为"类黑格尔Ⅱ型"等。

2004年，在第49届国际东方学会议"作为区域学的铜鼓研究"专题研讨会上，吉开将人提交了学术综述论文《日本学者研究铜鼓的百年回顾》，梳理了百年来日本铜鼓研究的脉络。日本学者作为有别于中国和越南的第三国学者，可谓旁观者清，可以更客观地把握中国和越南两国的研究动向，避免因铜鼓而引发的各种"民族主义"倾向。

除了中国之外，越南是古代铜鼓分布最集中的国家之一，铜鼓研究自然是学术界关注的重点，成果也颇为丰硕。越南在19世纪末沦为法国殖民地之后，铜鼓研究主要控制在法国和其他西方国家学者手里。待到1954年越南恢复和平后，越南学者才有了研究铜鼓的自主权。自20世纪50年代中期起，越南学者开始发表研究铜鼓的论文。1956年，陈文甲发表了《铜鼓与越南奴隶占有制》一文，这是越南学者研究铜鼓的第一篇论文。陈文甲认为越南铜鼓是本国独有的制品，但冶铜技术和铜鼓铸造技术受到中国的影响。1957年，陶维英的《铜鼓文化和骆越铜鼓》提出越南铜鼓是骆越人传入的，铜鼓是骆越的创造物。这一观点在陶维英《越南古代史》一书中再度提及，他将当时越南河内博物馆收藏的9面黑格尔Ⅰ式铜鼓称为"骆越铜鼓"，并认为铜鼓起源于越南北方，骆越人是铜鼓的创造者。20世纪60年代初，越南学术界发表了多篇研究铜鼓的论文，如《关于古代铜鼓起源的探讨》等。这些文章当中，有些认为越南北部是古代铜鼓的故乡，也有些认为铜鼓起源于越南北部和中国云南。1963年还出版了黎文兰、阮文陞、阮灵合著的《越南青铜时代的第一批遗迹》，比较详细地介绍了截止到20世纪60年代初在越南境内发现的青铜文化遗址和遗物，对越南的黑格尔Ⅰ型铜鼓进行了分期和排队，并推测了相对年代。20世纪60年代末，尤其是进入70年代，铜鼓研究成为越南考古学界和历史学界的重点课题，当局发动了几乎所有能撰写铜鼓论文的学者研究铜鼓，越南《考古学》杂志在1974年连续推出两期铜鼓研究专辑，发表了30位学者的29篇论文，这些文章除了论述铜鼓的起源、类型、分布、年代和装饰艺术之外，还探讨了铜鼓的合金成分、铸造技术和用途，研究对象除了黑格尔Ⅰ型之外，也延伸到了黑格尔Ⅱ型、Ⅳ型铜鼓。1975年，越南历史博物馆出版了阮文煊、黄荣编著的《越南发现的东山铜鼓》一书，逐一介绍了在越南境内发现的52面东山型铜鼓（其中有1面是中国出土的开化鼓），对这些铜鼓进行了分类，推断了年代，对铜鼓的起源、分布、装饰艺术、用途等问题发表了意见。这本书可以说是20世纪70年代越南铜鼓研究的集大成之作，反映了越南学术界关于铜鼓的基本观点。该书反复强调越南的东山铜鼓（或称骆越铜鼓）是黑格尔Ⅰ型铜鼓中年代最早、造型和装饰艺术最精美的铜鼓，越南是这类铜鼓数量最多、分布最密的地区，越南北部是铜鼓的故乡这类观点。1987年，由范明玄、阮文煊、郑生编著的《东山铜鼓》一书由越南社会科学出版社出版，对他们认为属于东山型（黑格尔Ⅰ型）的铜鼓作了全面报道，其中也包括在中国发现的148面铜鼓和在东南亚其他国家发现的55面类似铜鼓。此书重新考察了以前所有的分类方法，并在对所有东山铜鼓作了详尽研究的基础上，提出了自己的分类法，将东山型铜鼓划分为5组22式。1990年，越南考古研究院的学者们共同编著了《越南的东山鼓》一书，该书以清晰的照片和描绘细致的线图逐一展示了在越南境内发现的115面东山铜鼓和在中国云南出土的3面铜鼓，以及奥地利维也纳收藏的1面"东山铜鼓"，并按其年代先后分成5组。《东山铜鼓》和《越南的东山鼓》这两本图集的分类是相同的，都认为越南的玉缕鼓、黄下鼓是最古老的铜鼓，都把中国云南和其他地方（包括越南老街）发现的万家坝型铜鼓列为D组，排在冷水冲型（C组）之后、遵义型（E组）之前，与中国学者和日本学者普遍的排列次序相矛盾。

2001年，越南黄春征教授提出了4型4式的分类方法。2011年，为了更好地研究越南铜鼓，广西壮族自治区博物馆、广西文物考古研究所和越南国家历史博物馆三家机构共同编写了《越南铜鼓》一书。该书收录了126面各类型的越南古代铜鼓，图文并茂地呈现了这些铜鼓的来源、规格、重量、纹饰等信息，分析了越南铜鼓的发展历史，探讨了其制作工艺。这部著作为了解越南铜鼓文化，及其与中国等地区的铜鼓文化之间的关系，提供了重要材料。

中国是世界上铸造和使用铜鼓历史最长、保存铜鼓数量最多的国家，关于铜鼓的文献记载也最为丰富。从很早的时候起，中国文人学者就注意搜集和研究铜鼓了。唐宋以来，流寓南方边陲的文人学者，有的听到过关于铜鼓的传闻，有的则亲眼见过铜鼓，出于猎奇，他们把铜鼓写入诗文，但是基本上只是作客观描述，还谈不上什么研究。在一些金石学和地方史志著作中，也散见有关于铜鼓的记载。《后汉书》关于马援和骆越铜鼓的记述流传最广，最为有名。此后，提到铜鼓的著作还有唐代刘恂的《岭表录异》、宋代范成大《桂海虞衡志》和周去非的《岭外代答》、元代马端临的《文献通考》等。清代开始，《西清古鉴》《西清续鉴》《陶斋吉金录》《金石索》等金石学著作关于铜鼓来源有了一些新的说法。清乾隆十四年（1749年）编纂《西清古鉴》大型文物图集时，收入14面铜鼓，并在第一面鼓之后注明"大抵两川所出为诸葛遗制，而流传于百粤群峒者则皆伏波为之"，多少有了一点分类的萌芽，体现出对铜鼓形制的复杂性有了一些模糊的认识。乾隆五十八年（1793年）编纂《西清续鉴》甲、乙编，又收进铜鼓9面。这两部书，是铜鼓见于图录之始，也是中国学者真正研究铜鼓实物的开端。除此之外，地方史志也对铜鼓有较多的记述，例如清嘉庆年间，广西巡抚谢启昆在编修《广西通志》时作《铜鼓考》，搜集了大量铜鼓文献，进行综合研究。也就在这时，有关铜鼓的诗词哄然而起，洋洋洒洒到处唱和，但这些诗词多为借物咏志之作，对铜鼓本身并无多少学术见解。此期间，各地编纂的地方志也常有关于铜鼓的记载，为以后研究铜鼓的分布、收藏和流传留下许多宝贵资料。虽然这些地方史志中的很多内容是作者穿凿附会，但是仍然具有一定参考价值。清代中晚期，受到乾嘉考据学派的影响，国内文人学者对铜鼓的研究开始脱离神话传说向考释发展。例如道光年间，罗士琳著《晋义熙铜鼓考》，对有"义熙"铭文的一面铜鼓作了精辟的考释。

20世纪30年代，正当西方学术界在为铜鼓的起源、族属等问题争论不休时，中国学者也开始了铜鼓的搜集和研究工作。1933年，广西学者刘锡蕃将他在苗山见到铜鼓的经历写入《岭表纪蛮》一书；唐兆民对广西博物馆收藏的20多面铜鼓进行了实测绘图，着手编著广西铜鼓图录；1936年，上海博物馆郑师许出版了《铜鼓考略》一书，第一次比较系统地介绍了国外学者研究铜鼓的成果，并提出了许多新的见解；1938年冬，徐松石著《粤江流域人民史》，专辟《铜鼓研究》一章，讨论铜鼓的起源、创始铜鼓的民族、铜鼓的用途等。20世纪30~40年代，中国的一些报刊，如《大公报》《太白半月刊》《旅行杂志》等，也发表过一些谈论铜鼓的文章。这时期中国南方修纂的地方志，都收录了当地发现、收藏和使用铜鼓的情况，记录了许多很有价值的资料。中国学者研究铜鼓在古代文献资源方面的案件是得天独厚的，在接触铜鼓实物和体察铜鼓习俗方面也较便利，但是在研究方法和手段上还相当落后，因此，研究成果并不显著。

1949年后，中央和各省、市相继建立博物馆和文物管理机构，对铜鼓的搜集、整理、研究，有组织、有计划地进行，很快使铜鼓资料的积累成倍增长，关心和研究铜鼓的人越来越多，新的研究成果不断涌现，逐步摆脱了落后面貌，迈向与铜鼓文化遗产大国相称的世界一流水平。

1954年，四川大学闻宥编著了《古铜鼓图录》一书，该书是我国运用现代科学方法研究铜鼓并正式出版图录的开端。闻宥在书中将铜鼓分为甲、乙、丙三种类型，并把这三种类型归为东、西两式，同时他还对铜鼓纹饰提出了一些新的见解。接着云南省博物馆也编辑出版了《云南省博物馆铜鼓图录》，为铜鼓研究增加了一批资料。1955年5月，云南省博物馆在晋宁石寨山遗址甲区1号墓挖掘出一面铜鼓和两面铜鼓形贮贝器。这是第一次由我国考古工作者发掘出土的铜鼓，使我国学者第一次有条件使用第一手考古数据对铜鼓进行研究。这一时期西南和华南地区大量的古代墓葬被发现并进行了科学发掘，除了上面提到的云南晋宁石寨山古墓群，还有江川李家山古墓群、祥云大波那木椁铜棺墓、楚雄万家坝古墓群、广西贵县罗泊湾汉墓、西林普驮铜鼓墓等，这些墓葬出土了为数众多的有确切断代的铜鼓实物，为我国铜鼓研究的发展开辟了广阔的天地。在这些资料基础上，我国铜鼓研究呈现出百花齐放百家争鸣的局面，众多学者发表了一批高水平的论著。其中重要者如冯汉骥《云南晋宁出土铜鼓研究》、黄增庆《广西古代铜鼓初探》、洪声《广西古代铜鼓研究》、汪宁生《试论中国古代铜鼓》、李伟卿《中国南方铜鼓的分类和断代》等。这些论著从铜鼓的断代、分类、纹饰、族属等方面对中国古代铜鼓作了系统的研究，达到了很高的研究水平，在国内外都产生了重大影响。

20世纪80年代，随着铜鼓研究人员越来越多，为大家提供一个交流学习的平台迫在眉睫。1980年4月，由中国民族学会、文物出版社和广西壮族自治区博物馆发起，在广西南宁举行了第一次古代铜鼓学术讨论会，会后成立了中国古代铜鼓研究会。其后，还召开了第二次古代铜鼓学术讨论会和四次中国南方及东南亚地区古代铜鼓和青铜文化国际学术讨论会，均编辑出版了会议论文集，成果丰硕。1988年，由中国古代铜鼓研究会编著的《中国古代铜鼓》一书出版，该书从考古学的角度出发，以全国收藏的1400多面铜鼓实物及其考古学资料为主，结合历史文献记载和民族学资料，系统介绍了古代铜鼓的发现、起源、类型、年代、族属、用途、纹饰等方面，产生了深远的影响。

这一时期，铜鼓研究开始涉及科技领域，物理、化学等技术纷纷用于铜鼓研究中。1982年，北京钢铁大学（现为北京科技大学）冶金史研究室对92面铜鼓进行了测量分析，基本弄清楚了古代铜鼓的铸造工艺流程。随后，广西民族学院（现为广西民族大学）联合上海博物馆、广西壮族自治区博物馆和南宁重型机器厂，根据北京钢铁大学的研究成果进行了"铜鼓王"的复制。1992年，万辅彬从铜鼓矿料来源的铅同位素入手，考证铜鼓的铸造工艺和铜鼓的声学方面的内容，总结多年来他们运用科技手段研究铜鼓所取得的成果，形成了《中国古代铜鼓科学研究》一书，在学术界影响很大。

新世纪开始，国内铜鼓学术界在几十年来对铜鼓系统研究的基础上，开始重新关注起传世铜鼓及铜鼓文化的调查，并积极倡导对铜鼓文化的普及、宣传、保护等，取得了一系列丰硕的成果。例如2007年，蒋廷瑜等编著的《铜鼓文化》一书，对铜鼓文化的起源、类型、传播、分布、艺术特征、内涵等几个方面进行总结，是一部较为完整地介绍铜鼓文化的专著。关于铜鼓文化的传承、保护、发展等问题，学者们各抒己见，相继发表和出版了大量学术论文及专著。例如高艳玲《对广西铜鼓文化的开发式保护思考》、万辅彬《关于铜鼓文化的保护、传承与发展问题的思考》、韦丹凤《广西活态铜鼓文化研究》等。2013年，由多位学者共同编著的《大器铜鼓》一书出版，这本书从铜鼓的学术研究出发，将铜鼓文化纳入到非物质文化遗产保护中去，提出了铜鼓文化保护、传承与实践的具体措施，为发掘、抢救、保护、传承铜鼓文化做出了重要贡献。

除了大陆学者外，台湾、香港学者也不断有研究铜鼓的论著发表。如凌纯声《记本校二铜鼓兼论铜鼓的起源及其分布》（1950年）、《东南亚铜鼓纹饰新解》（1955年）、罗香林《越人铜鼓：它们的制造和用途》（1967年）、徐松石《百粤雄风，岭南铜鼓》（1974年），分别从人类学、民族学、历史学角度探索铜鼓的奥秘，也达到了很高的学术水平。

目　　录

第一章　西江流域地理环境与历史发展概述…………………………（ 1 ）

　　第一节　西江流域的地理环境　………………………………（ 1 ）

　　第二节　西江流域的社会历史　………………………………（ 2 ）

第二章　铜鼓的起源与传播……………………………………………（ 7 ）

　　第一节　铜鼓的起源　…………………………………………（ 7 ）

　　第二节　铜鼓的发展阶段　……………………………………（ 13 ）

　　第三节　铜鼓在西江流域的传播　……………………………（ 14 ）

第三章　西江流域各类型铜鼓综合研究………………………………（ 36 ）

　　第一节　西江流域各类型铜鼓的特点　………………………（ 36 ）

　　第二节　西江流域各类型铜鼓的族属　………………………（ 40 ）

　　第三节　中原文化对西江流域铜鼓文化的影响　……………（ 46 ）

第四章　西江流域与周边地区铜鼓文化的关系………………………（ 49 ）

　　第一节　与贵州地区的关系　…………………………………（ 49 ）

　　第二节　与越南北部地区的关系　……………………………（ 55 ）

　　第三节　西江流域在中国南方和东南亚铜鼓文化圈中的地位　………（ 70 ）

第五章　比较视野下的西江流域铜鼓社会文化功能…………………（ 73 ）

　　第一节　西江流域铜鼓的社会文化功能　……………………（ 73 ）

　　第二节　中原地区铜鼎的社会文化功能　……………………（ 81 ）

　　第三节　铜鼓与铜鼎的社会文化功能比较　…………………（ 84 ）

第六章　西江流域铜鼓的纹饰…………………………………………（ 87 ）

　　第一节　铜鼓纹饰的文化内涵　………………………………（ 87 ）

　　第二节　太阳纹　………………………………………………（ 88 ）

　　第三节　翔鹭纹　………………………………………………（ 91 ）

第四节　羽人纹 …………………………………………（94）
　　第五节　船纹 ……………………………………………（96）
　　第六节　蛙饰和蛙纹 ……………………………………（99）
　　第七节　其他纹饰 ………………………………………（105）

第七章　铜鼓铸造技术 ………………………………………（110）
　　第一节　铜鼓铸造技艺研究综述 ………………………（110）
　　第二节　铜鼓的合金成分和矿料来源 …………………（112）
　　第三节　铜鼓的铸造地点 ………………………………（115）
　　第四节　铜鼓的铸造方法 ………………………………（119）
　　第五节　铜鼓铸造技术的复原推动文化传承 …………（122）

第八章　西江流域铜鼓文化的保护与利用 …………………（124）
　　第一节　世界与中国关于非遗保护的努力 ……………（124）
　　第二节　"一带一路"战略对于西江流域铜鼓文化保护的作用 …（126）
　　第三节　西江流域铜鼓文化的保存现状——以广西为例 …（127）
　　第四节　广西复兴铜鼓文化的努力 ……………………（130）
　　第五节　西江流域其他省份铜鼓文化的保护状况 ……（137）
　　第六节　西江流域铜鼓文化保护与传承的对策 ………（141）

第九章　结语 …………………………………………………（150）

参考文献 ………………………………………………………（152）

附录 ……………………………………………………………（157）

后记 ……………………………………………………………（167）

第一章 西江流域地理环境与历史发展概述

铜鼓文化在西江流域的自主发展，与当地的自然和社会环境密切相关，岭南地区的青铜技术和矿产资源为铜鼓铸造提供了物质基础，铜鼓本身的各种功能也非常切合岭南"酋邦"政体的需要，从而催生了铜鼓文化在西江流域的高度发展，而铜鼓文化本身也成长为岭南早期文明中不可替代的重要因素。

第一节 西江流域的地理环境

西江为珠江的干流，全长2214千米，流域面积达353120平方千米，是仅次于长江、黄河的中国第三大河流。西江发源于云南省沾益县马雄山东北麓，流经云、贵、桂、粤，于广东的磨刀门注入南海。西江干流在不同区段有着不同的叫法，源头至贵州省望谟县蔗香村称南盘江，以下至广西象州县石龙镇称红水河，石龙镇至桂平市区称黔江，桂平市区至梧州市称浔江，梧州市至广东省三水县思贤滘称西江，再往下称为珠江。西江水系支流众多，河网密布，其中主要的有北盘江、柳江、左江、右江、红水河、黔江、桂江等。本书涉及的"西江流域"，其范围主要包括南盘江、红水河、右江、邕江、郁江、浔江等流域及两广交界之云开大山区。

西江流域地处中国南部，北回归线贯穿其中，属于亚热带季风和湿润气候，炎热多雨，气候温和，年平均气温14～22℃，年平均降雨量1200～2200毫米，但降水量地域分布和时间分配都不均衡，由东向西降水递次减少，并且每年4月至9月降水量最大，11月至次年3月降水量最小。西江流域得益于丰富的降水和湿润的气候，动植物资源十分丰富，西江主要流经的云南、广西、广东是我国已发现植物种类数量最多的三个省份。除此之外，野生动物、水产渔业、金属矿物等资源的保有量也都在全国占有十分重要的地位。

西江流域地形以山地和丘陵为主，约占总面积的90%，平原较少。西江流域上游属于云贵高原地带，故整个流域呈西高东低的走势。

由于西江流域良好的气候以及丰富的动植物矿物等资源，这一地区数十万年以前就已经出现了人类活动,继而在这里产生了发达的稻作文化,即"那文化"。"那"即壮语中的稻田,那文化也就是岭南西部地区稻作农业民族的文化。那文化与铜鼓文化的关系十分密切,"铜鼓文化圈与稻作文化圈(那文化圈)有着密切的文化关联。也就是说,稻作文化是铜鼓文化产生的人文背景和物质生活基础"①。

第二节　西江流域的社会历史

西江流域气候适宜,物产富饶,自古至今都是人类活动的密集地区,创造出辉煌灿烂的文化,是中华民族文明发展过程中不可分割的组成部分。

西江流域的旧石器时代人类遗存,年代既早,又十分丰富和典型。最著名的是右江穿过的百色盆地,河流沿岸地区发现大量打制石器遗物和遗迹,测年数据为距今80.3万年。到了旧石器时代晚期,西江流域多个支流都已经有古人类活动,目前在柳江、桂江、红水河、郁江、左江、右江等流域,已经发现约20处古代人类化石地点及文化遗存。旧石器时代人类以采集渔猎为生,利用天然洞穴栖息,使用的石器工具主要是利用河滩砾石打制而成。

到了距今12000年前后,西江流域进入到新石器时代,文化进一步繁荣。目前仅在广西境内就发现了500多处新石器时代遗址。新石器时代早中期,人们仍然以渔猎采集为生,居住在洞穴里,但开始逐渐走向平原和河旁台地,所使用的石器工具打制石器和磨制石器均有,但越是早期,打制石器所占比例越高,随着时代发展,磨制石器的数量和质量都在上升。在桂林甑皮岩遗址,发现了制作十分粗糙的陶釜,这是中国最原始的陶容器,具有重要学术价值。新石器时代中后期,南宁邕江两岸出现大批贝丘遗址,学术界称之为"顶蛳山文化"。顶蛳山遗址位于广西南宁市邕宁区蒲庙镇邕江支流八尺江畔,是一处大型贝丘遗址,经过了大规模的发掘,研究成果丰硕,文化特征具有代表性,故而此类遗址皆以顶蛳山文化命名之。这个时期先民们居住在河旁台地,构筑离地而居的干栏式木质房屋,过上了相对稳定的定居生活,形成了面积达到数千平方米规模的聚落。随着定居程度的增高,陶器技术有了高度发展,顶蛳山文化的陶器多种多样,功能齐全。新石器时代末期,

---

① 万辅彬等:《大器铜鼓:铜鼓文化的发展、传承与保护研究》,北京:中国科学技术出版社,2013年,第50页。

稻作农业兴起，改变了西江流域长期以来的渔猎采集经济形态。以桂南左右江交汇处为中心，发现了大批的石铲遗存，考古学上称之为大石铲文化，这是新石器时代末期稻作农业文化发展的有力证据。石铲本是农业生产工具，随着农业文化的发展，逐渐成为礼仪用具，用于祭祀活动（图一）。在稻作农业的经济基础上，新石器时代末期的西江流域进入了部落或部落联盟的古国时代。

图一　广西隆安县大龙潭遗址出土大石铲（现藏广西博物馆）

距今3500年前后，在中原文化的影响下，岭南地区进入了青铜时代。商周时期岭南与中央王朝已经颇有来往，广西各地曾经发现不少制作精美的卣、匜、编钟、鼎、壶等礼器，具有中原风格，可能是来自中原王朝。与此同时，岭南地区也发展起来自己的青铜技术。在广西武鸣县马头古墓群发现有铸造青铜器的石范，就是本地铸造青铜器的有力证据。在恭城、武鸣、平乐、宾阳、田东等地，发现有春秋战国墓葬群，出土了大量青铜礼器、兵器、生活用具和生产工具，其中有一些青铜器具有鲜明的地方特色，例如羊角纽铜钟（图二）、靴形钺、扁茎短剑、铜鼓等。特别是田东县锅盖岭墓葬出土的战国时期的铜鼓，说明当时西江流域的骆越民族已经开始铸造和使用这种青铜重器。这一时期的西江流域，社会发展已经从古国时代进入到方国时代，跨入文明时代的门槛。

图二　羊角纽铜钟（现藏广西博物馆）

这一时期的西江流域，民族构成十分复杂，在文献记载中也有所表现。约当中原地区的夏商时期，西江流域广大地区居住的原始居民有凿齿、欢兜等。据《山海经·大荒南经》记载："大荒之中，有山名曰融天，海水南入焉。有人曰凿齿，羿射杀之。"此外《淮南子·本经篇》也记载到："猰貐、凿齿、九婴、大风、封豨、修蛇，皆为民害。尧乃使羿诛凿齿于畴华之野，杀九婴于凶水之上，缴大风于青邱之泽，上射十日，而下杀猰貐，断修蛇于洞庭，擒封豨于桑林。"欢兜又称欢头，《史记·五帝本纪》记载："放欢兜于崇山，以变南蛮。"①史籍中记载的凿齿和欢兜都是凶恶怪兽的名字，但实际上他们应该是活动于中国南方地区的原始民族，只是由于其同中原华夏族的对抗，所以在史籍中的称呼被妖魔化了。到了两周时期，凿齿、欢兜这种带有神话色彩的名称逐渐演变为百濮、百越这种相对实际的称呼，其中云贵地区以百濮为主，岭南地区以百越为主。

西周时期，中原王朝同百越的联系愈加频繁，史籍如《诗经·大雅》提到："王命召虎，式辟四方……于疆于理，至于南海。"这表明，周王朝的统治力量已经到达了岭南地区。又如《通志·岭南序略》载："五岭之南，涨海之北，三代以前，是为荒服，当周成王时，周公居摄六年……南荒有越裳国，以三象重译而献白雉，曰：道路悠远，山川阻深，音使不通，故重译而朝。成王以归周

---

① （汉）司马迁：《史记》，北京：中华书局，1963年，第28页。

公，公曰德不加焉，则君子不飨其质，政不施焉，则君子不臣其人，吾何以或此赐也。其使请曰：吾受命吾国之黄耇，日久矣，天无烈风雷雨，意者中国有圣人乎，有则往朝之。周朝既衰，于是稍绝，及楚子称霸，朝贡百粤……"这段话描写了百越使者向周王朝朝贡的事件，反映了二者关系的密切。1974年，广西武鸣县马头全苏勉岭西周墓中出土了一件商代晚期的兽面纹提梁铜卣，卣身及盖四面有棱脊，提梁置于正面脊上。盖面、腹部饰以浮雕式的兽面纹，眉、目凸起。盖面上两兽面纹向左右，腹部两兽面纹向前后。盖缘、颈、圈足均饰夔纹，盖纽饰六只蝉纹。提梁饰夔纹和蝉纹，两端作牛头形。盖内有标志着作器者族徽的铭文。这件器物是典型的中原文化风格，或为双方交换所得。此外，在贺州发现过西周铜镈，在横县、灌阳、贺州、北流、南宁等地发现过西周铜甬钟，在陆川、宾阳、荔浦等地发现过西周铜罍，这些器物的出土都实证了周代岭南"百越"地区同中原地区交流的频繁。

战国末期，云贵高原发生了著名的"庄蹻入滇"事件。据《史记》记载："始楚威王时，使将军庄蹻将兵循江上，略巴、黔中以西。庄蹻者，故楚庄王苗裔也。蹻至滇池，地方三百里，旁平地，肥饶数千里，以兵威定属楚。欲归报，会秦击夺楚巴、黔中郡，道塞不通，因还，以其众王滇，变服，从其俗，以长之。"① 关于此事，《汉书》《后汉书》都有记载，但是《后汉书》记载此事为楚顷襄王时期，人物也不是庄蹻而是庄豪。"庄蹻入滇"是战国末期中原地区同西南地区交流的重要事件，庄蹻在带去先进文化、技术的同时，又尊重地方少数民族的风俗习惯，"变服，从其俗，以长之"，从而促进了云贵地区的发展，客观上加速了民族融合。

秦始皇统一六国后，派遣五路大军南下，开凿灵渠，进而征服了岭南，将该地区正式纳入国家版图，并在此设立南海、桂林、象三郡。秦王朝灭亡后，赵佗趁机占据岭南，建立南越国。南越国在岭南效仿汉朝制度，政治上实行郡县制和分封制并行的策略，经济上推广铁农具和牛耕，大力发展水稻种植业、畜牧业、渔业、制陶业、造船业，改善岭南交通，军事上模仿汉朝设立将军校尉制度，号称带甲百万，文化上实行"和辑百越"的和睦政策，鼓励汉越通婚，在尊重越人风俗的同时，推广汉字等汉文化。南越国的建立，将岭南地区从原始社会式的部族体制带入封建社会，为汉朝统一岭南打下了基础。

汉朝建立初期，中央政府鉴于自身力量的不足，对岭南地区的南越政权采

---

① （汉）司马迁：《史记》，北京：中华书局，1963年，第2993页。

取怀柔政策。武帝元鼎五年（公元前112年），汉武帝令伏波将军路博德、楼船将军杨仆等发兵南下，最终平定南越国。汉武帝平定南越后，于原三郡之地设立九郡，分别为南海、朱崖、儋耳、苍梧、郁林、合浦、交趾、九真、日南。此外，西江上游部分地区属牂牁郡，漓江流域上游则属零陵郡。稳定的统治秩序，加之中原文化在岭南地区传播的深入，这些都影响到了铜鼓的发展。最为显著的就是居于邕江－郁江－浔江流域和云开大山区的少数民族在石寨山铜鼓的基础上，广泛吸收中原文化，制造出了体型庞大的冷水冲型、北流型和灵山型铜鼓。

汉代之后，西江流域地区一直在中央政权的控制之下，但是地方势力强盛，直到唐代仍常常有少数民族酋首发动叛乱，唐代以后才进入了相对稳定的时期。

第二章 铜鼓的起源与传播

铜鼓的起源与传播是铜鼓研究中的两个重要问题，各个国家和地区的学者站在不同的立场上众说纷纭，至今尚无定论。西江流域的铜鼓显然是外来的，主要应该是从西江上游的云南传播而来，在岭南地区适宜的社会文化条件下得到了高度发展。

第一节 铜鼓的起源

在历史典籍中关于铜鼓的起源记载甚少，三国之后学者的著述里也多将铜鼓的起源归功于马援和诸葛亮，而少数民族民间对于铜鼓的起源则更多是口耳相传的传说。近一百多年来现代科学的研究否定了马援、诸葛亮和传说中铜鼓的起源说法，学者们主要是通过运用历史学和考古学的方法对铜鼓起源问题进行研究，得出了一些相对可靠的结论。虽然古史传说被学术界否定，但是由于其传播范围较广，时间较长，并由此产生了许多相关的民俗文化，所以本书仍然对其进行介绍。

1. 古史传说中铜鼓的起源

古代文献中对于铜鼓最早的记载出于《后汉书·马援传》，其中写道："援好骑，善别名马，于交趾得骆越铜鼓，乃铸为马式，还上之。"这句话讲的是东汉光武帝建武十七年（公元41年），光武帝刘秀拜马援为伏波将军，以扶乐侯刘隆为副，率大军南征叛乱的征侧、征贰两姐妹。马援在战争过程中，于交趾某地得到铜鼓，并把铜鼓熔化重铸为铜马，班师时献给光武帝。马援征交趾这件事对岭南地区影响深远，现今在两广地区甚至远至海南都有许多山峰河流以"伏波"命名，例如桂林伏波山等。不仅如此，在岭南地区的各族百姓中还产生了伏波信仰，散布在岭南各地为数众多的"伏波祠""伏波庙"千年以来香火不断。

正是因为马援得铜鼓这一事件的影响，所以民间讹传出了铜鼓为马援所遗和铜鼓为马援所铸两种说法。前一种说法最早记载于南宋范成大的《桂海虞衡志》中，书中说："铜鼓，古蛮人所用。南边土中时有掘得者，相传为马伏波所遗。"范成大之后的王象之在《舆地纪胜》钦州条中也说："铜鼓，古蛮人所用，钦州村落中时有掘得者，相传云马伏波所余。"

关于铜鼓为马援所铸的说法在《舆地纪胜》中也有记载，其邕州条中说："铜鼓，马援所制。"此外，明代方瑜所著的《南宁府志》中也提到："铜鼓，志传马援所制。"张穆的《异闻录》中则对马援铸铜鼓一事的原因进行了解释："昔马伏波征蛮，以山溪易雨，制铜鼓。粤人亦谓雷廉至交趾，海滨卑湿，革鼓多痹缓不鸣无以振威，故伏波铸铜为之，状亦类鼓，名曰骆越之鼓。"清人屈大均则认为马援铸铜鼓是为了销毁少数民族的兵器，并用于镇蛮。他在《广东新语》中说："吾意古时蛮里多以铜为兵，伏波既平交趾，或尽收其兵销镕，既铸铜柱五以表汉疆，又为铜船五、铜鼓数百枚，遍藏于山及瘴险之间，以为镇蛮大器。"

除了马援制造铜鼓的说法以外，诸葛亮制铜鼓的说法也流传甚广。但是通过查阅史料可知，三国时期的官方正史《三国志》并未提到诸葛亮和铜鼓的关系，其后到明代前的历代史书也都没有提到，甚至在依照《三国志》书写的明代小说《三国演义》中，"诸葛亮七擒孟获"的故事中也未提到诸葛亮制造铜鼓。

这种说法最早从明代开始出现的。一种版本是明人何宇度在《益部谈资》中提出铜鼓是诸葛亮南征孟获时所铸，因而把铜鼓称为诸葛鼓，这种说法也成为后人引用最多的一种。另一种版本则认为铜鼓是诸葛孔明埋藏地下镇压蛮族所用，如《明史·刘显传》称："相传诸葛亮以鼓镇蛮，鼓失，则蛮运终矣。"《边防记》就把诸葛亮用鼓镇蛮的事情说的较为具体："西南夷部叛服不常，诸葛武侯征抚之，置铜鼓，埋镇诸山，稍就贴服。"除了史书和著作当中的记载，古人也写了大量诗歌来赞美诸葛亮征抚南中、制作铜鼓的功绩。例如余珍的《时园中诸葛铜鼓歌》："儒将风流诸葛公，隐士名士真风流。镇压百蛮铸铜鼓，物肖其人夺天工。"通过官方和民间的宣传，铜鼓为诸葛亮所铸也逐渐为大多数人所相信，所以戴朱弦在《铜鼓歌》中写道："蛮溪毒雾苍虬舞，土人桀阁悬铜鼓。问是当年谁所留，尽说传自汉武侯。"

除了历史文献的记载以外，民间关于铜鼓起源的说法各地各族都不尽相同，数不胜数，例如天神赠予、龙王赠送、壮族始祖布洛陀制造、瑶族始祖密洛陀传授等。

清代之后，由于乾嘉考据思潮的兴盛，使士人们开始对以往的典籍进行考证校对。这一时期许多士人开始撰文讨论"马援和孔明是否是铜鼓的制造者"等问题。例如谢启昆《铜鼓考》、梁章钜《后铜鼓记》、罗士琳《晋义熙铜鼓考》等。经过考证推敲，士人们基本断定铜鼓应该起源于汉代以前，否定了马援和孔明造铜鼓的传统说法。

2. 现代科学对铜鼓起源的研究

19世纪末，西方学者借着西方国家在东亚和东南亚殖民统治的契机，进行了较大规模的田野调查和考古研究。其中一部分学者，例如荷兰汉学家狄葛乐（J. J. M. de Groot）以及奥地利学者弗朗茨·黑格尔（Franz Heger）等，就对铜鼓这一器物十分感兴趣。他们一方面亲自到铜鼓流传的地区进行实地考察搜集资料，另一方面又将部分铜鼓带回母国进行研究，取得了大量成果，为世界范围内的铜鼓研究奠定了学术基础。之后的一百多年中，中国学者和越南学者都加入到了铜鼓研究的行列，为解开铜鼓起源这一未解之谜，提出了许多真知灼见。本节根据闻宥先生所著的《四川大学历史博物馆所藏古铜鼓考》一书中总结的三种起源方式进行讨论，即"铜鼓和錞于有关说"，"鼓和鼓架结合说"和"烹饪器却置说"。

（1）錞于起源

錞于为青铜制品，流行于东周至汉代，使用时将其悬挂起来与鼓配合敲打，多用在军中指挥部队行进。《淮南子·兵略训》有："两军相当，鼓錞相望"。錞于形似圆筒，上部比下部稍大，顶上有纽，纽多制成虎形，故又有"虎纽錞于"的称谓。錞于和铜鼓有许多相似之处，例如都是一边有面，中空无底。錞于面上多有虎形纽，又与铜鼓鼓面的立体装饰相似。但是，这二者也存在着较大的区别。例如在使用方法上，铜鼓两侧有耳，悬挂起来击打鼓面。而錞于则是面上有纽，悬挂起来击打器身。还比如錞于器面为圜首，而铜鼓则鼓面平整。

1978年，山东省博物馆和沂水县图书馆清理发掘山东刘家店子春秋墓时，在一号墓中出土了两件錞于（图三），当时的考古发掘简报是这样描述的："两件錞于，形制相同。圜首，顶部有绹索状环纽，平口外撇作长椭形，圆肩，无盘，束腰，素面。"发掘者通过对一号墓出土器物及其纹饰的分析，认为："一号墓出土一对黄大（太）子伯克盆与传世的黄太子伯克盘当为一人所作……这里提到的'黄'当系河南、潢川之黄国。郭沫若同志曾说：凡黄之器，大率在春秋初年。一号墓的平盖鼎、盘、舟、剑、戈均与河南洛阳中州路春秋初期的二四一五号墓出土的同类器器形近似。但多饰垂鳞纹、蟠螭纹，而这些纹饰盛行于春秋中期。一号墓南库所出铜簋的形制及盖上的莲花瓣捉手也显出较晚的特征。所以，一号墓的年代当属春秋中期。"①那么这两件出土錞于年代下限最晚到春秋中期，是已知资料中发现最早的。

云南楚雄出土的万家坝型早期铜鼓，经论证产生于春秋早期，故在时代先后以及二者区别上，铜鼓与錞于应处于并存的关系。云南晋宁石寨山汉代古墓中出土的贮贝器上刻画了同时演奏铜鼓、錞于的画面，这可以作为二者并存的又一例证。

所以，综合来看，铜鼓起源于錞于的说法并不成立。

（2）革鼓（木鼓）起源

铜鼓起源于革鼓（木鼓）这一说法由来已久。1890年德国人F.夏德在《北印度铜鼓》一文中提到："公元一世纪时，中国用兵南方，遇到潮湿季节，鼓面易损坏，主将便造出铜鼓来。"②这个说法明显是转述了中国旧有的伏波将军马援制作铜鼓代替皮鼓（革鼓）这一传说。1932年，法国人戈鹭波在越南北方民族地区看到木腔皮鼓是搁置在藤编的基座上，由此他联想到，将铜鼓正放，整个形态也犹如一个扁形的木腔皮鼓放置在一个圆筒形的基座上，他进而推测，铜鼓也不过是把革鼓和鼓座合铸在一起而已，他在《金属鼓的起源与传播》一文中据此提出铜鼓起源于皮鼓。1961年，日本学者冈崎敬看了云南晋宁石寨山的墓葬资料，发现铜笙、铜笛是按照瓢笙、竹笛的形象仿制而成，故而撰文认为同一墓葬出土的铜鼓应该也是模仿皮鼓制作而成的③。汪宁生先生于1978年发表的《试论中国古代铜鼓》一文中认为，铜鼓应起源于西南民族所使用的一种乐器——木鼓。他在文中写道："我国西南地区以及东南亚、太平洋岛屿地区流行一种原始木鼓……云南傣族、景颇族等至今仍用之，俗称'象脚鼓'（图四）。我们认为铜鼓的前身就是像'象脚鼓'这样的原始木鼓。"④汪宁生认为，早期铜鼓的形制、纹饰均与象脚鼓相似，早期铜鼓胴部的横晕应起源于象脚鼓绑扎鼓面的横带，而腰部的垂直方格则应起源于象脚鼓腰部系的绳子。例如新几内亚木鼓，它鼓面和腰部的绑扎方法同象脚鼓十分相似，可作为铜鼓起源于木鼓的

---

① 山东省文物考古研究所、沂水县文物管理站：《山东沂水刘家店子春秋墓发掘简报》，《文物》1984年第9期，第5页。

② 中国古代铜鼓研究会：《中国古代铜鼓》，北京：文物出版社，1988年，第18页。

③ 〔日〕冈崎敬：《云南石寨山遗迹与铜鼓的问题》，《史渊》第86辑，1962年。

④ 汪宁生：《试论中国古代铜鼓》，《考古学报》1978年第2期，第189页。

一个参照。林邦存亦称："云南濮人创造的南方铜鼓，是在濮人或其先民在长期使用土鼓这种乐器的过程中，并在掌握了青铜冶铸技术之后创造出来的。"[①] 所谓"土鼓"，实则当地的木鼓。

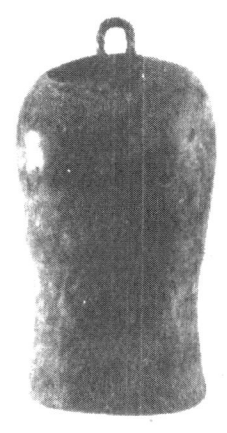

图三　山东刘家店子春秋墓出土铜錞于（M1∶94）

图四　傣族象脚鼓

与中国南方这种单面铜鼓相比较，中原地区更早地出现了铜制的鼓形乐器。考古发掘共发现两面，一面出自湖北崇阳（图五），一面出自河南安阳殷墟遗址（图六），均为商代晚期遗物。

图五　崇阳铜鼓

图六　安阳铜鼓

---

① 林邦存：《试论濮人先民的土鼓及其与南方铜鼓的关系》，《中国铜鼓研究会第二次学术讨论会论文集》，北京：文物出版社，1986年，第140页。

从图上可以看出，这两面铜鼓均是依革鼓仿制，同时又装饰以商代青铜器常用的兽面纹、云雷纹、人面纹等纹饰。历史文献与考古出土材料已经证明，革鼓的诞生远远早于商代铜鼓，由此可见，春秋早期诞生的中国南方铜鼓，其起源或与安阳铜鼓、崇阳铜鼓类似，均为革鼓（木鼓），只是南方铜鼓所仿制革鼓的原型应为汪宁生所提的单面"象脚鼓"。这个说法虽然不是目前主流学术观点，但是从现实生活的常理出发，仍然有一定的说服力。

（3）铜釜起源

铜鼓起源于铜釜这一说法，较早提出的是明人何宇度，他在《益部谈资》一书中提到："诸葛鼓，亦铜鼓者，其形圆，上宽而中束，下则敞口，大约若今渣斗之倒置也。"① 其后西方铜鼓学者也提出类似的观点，如1948年法国学者莱维的文章《Origine de la Forme des Tambours de Browze du Typei（第一式铜鼓的起源）》首次提出铜鼓是炊具倒置的观点，但这些都缺乏实证。

1964年，云南省文物工作队清理云南祥云大波那木椁铜棺墓时，出土了1件铜鼓和1件铜釜，其发掘简报中写道："此釜形状和铜鼓十分近似，倒置过来看，其异于铜鼓者只不过是打击面的直径较小、足边无折棱而已。过去，对铜鼓形式来源于何物，颇多揣测，迄无定论，此式铜釜之出现，又增添了一个值得注意的线索。"②

鉴于此，冯汉骥先生在他1974年发表的《云南晋宁出土铜鼓研究》一文中说到："从早期铜鼓的形制来看，它似乎是从一种实用器（铜釜）发展而来的。大概在云南地区的青铜器时代早期，曾使用过一种鼓腹深颈的铜釜，这种铜釜既是炊器，又可将其翻转过来作为打击乐器。祥云大波那铜棺墓中这种形状的铜釜及铜鼓的发现，给了我们以明确的启示。"③

除此之外，在云南楚雄等地陆续出土了许多早期铜鼓，这些铜鼓出土时鼓足朝上，鼓面无任何装饰，且多有烟熏痕迹，这些或为倒置架于火上使用所致。这类铜鼓的形制显示了铜鼓产生的初期阶段所具有的原始性，鼓身仅有简单纹布，均属早期特征。万家坝铜鼓比晋宁石寨山等地出土的铜鼓型制更为原始，是世界上已经发现的最古老的铜鼓。楚雄州的牟定、禄丰等县，都出土过万家坝型的铜鼓（图七）。

---

① 中国古代铜鼓研究会：《中国古代铜鼓》，北京：文物出版社，1988年，第21页。
② 云南省文物工作队：《云南祥云大波那木椁铜棺墓清理报告》，《考古》1964年第12期，第611页。
③ 冯汉骥：《云南晋宁出土铜鼓研究》，《文物》1974年第1期，第58页。

图七 万家坝型铜鼓（1976年云南楚雄万家坝23号墓出土）

关于铜鼓最初作为炊具而后被用作乐器的可能性是存在的，炊具或其他容器用作乐器的行为并不罕见，例如庄子"鼓盆而歌"的著名故事。先秦时代由于乐器种类少、不普及的原因，当人们需要用音乐表达情感时，盆、罐等随处存在的器物是最好的选择，即敲击它们的底（面）而发出单一有节奏的声响。这也是最初的铜鼓其作为炊具或乐器的属性分割不明显的一个原因。

铜鼓系由铜釜发展而来，是中国学术界的主流观点。中国学者以及多数学者都将形制近似釜的万家坝型铜鼓作为铜鼓最早的类型。但越南部分学者观点相反，认为万家坝类型代表了铜鼓的衰落阶段，反而是晚期的，他们认为，东山铜鼓才是较为早期的铜鼓，东山文化是铜鼓的源头。

第二节 铜鼓的发展阶段

铜鼓诞生至今已经有两千多年的历史，从铜鼓的发展历程来看，大致可以分为四个时期：滥觞期、成熟期、发展期和式微期。

滥觞期：大约公元前7～前5世纪，是先黑格尔Ⅰ型，即万家坝型阶段，处于从铜釜演化而成的原始形态铜鼓，主要集中分布于中国云南中部偏西地区，洱海－礼社江流域，旁及云南东南部的文山地区，向东到达广西右江中游的田东一带；顺元江－红河东下到达越南老街等北部地区；在泰国也有零星发现。

成熟期：黑格尔Ⅰ型早期类型，分别在云南滇池附近形成石寨山铜鼓，在越南红河流域形成东山铜鼓。这两个区域成为铜鼓文化的中心，此后开始向东南亚各地传播。早期东山铜鼓与石寨山铜鼓并行发展，但东山铜鼓延续较长，在石寨山铜鼓于公元前后消失之后，东山铜鼓继续发展并从红河流域北上，影响到西江中游，形成了繁荣的冷水冲型铜鼓。晚期的东山铜鼓向东南亚扩散，老挝、柬埔寨、马来西亚和印度尼西亚铜鼓都不同程度地受到越南东山铜鼓的影响，使铜鼓文化深入到东南亚一大片古老民族地区，成为一种特有的文化现象。

发展期：由黑格尔Ⅰ型早期类型铜鼓，即石寨山铜鼓和东山铜鼓分别发展成为鼓面有青蛙塑像的冷水冲型铜鼓和东山晚期鼓。与此同时，在中国广西和广东交界的云开大山区产生了黑格尔Ⅱ型铜鼓，即北流型、灵山型铜鼓。这个时期铜鼓演变成为该地区部族象征权力和财富的重器，铜鼓做得越来越大，鼓身与鼓面纹饰及立体雕塑越来越复杂繁缛。相当一部分北流型和灵山型铜鼓（汉代至隋）的面径在1米以上。黑格尔Ⅱ型铜鼓至唐代中期向海南岛和中越边境转移。在云南东南部和越南北部可以零星见到黑格尔Ⅱ型中的灵山型铜鼓，后来退入越南西部山区，与黑格尔Ⅲ型铜鼓结合，发展成为"类黑格尔Ⅱ型"铜鼓。类黑格尔Ⅱ型铜鼓只见于越南西部，没有再向其他地区传播。

式微期：大约8世纪，冷水冲型铜鼓发展成为遵义型鼓，11世纪发展成为麻江型铜鼓，即黑格尔Ⅳ型铜鼓。中国黔、桂、滇边区是黑格尔Ⅳ型铜鼓的大本营。随着苗、瑶、彝族向印度支那半岛迁移，到15世纪后扩散到中越、中缅边境山区。到了近现代，也有华侨将铜鼓带往新加坡和印度尼西亚。几乎与此同时，黑格尔Ⅱ型铜鼓衍变为Ⅲ型铜鼓，即西盟型铜鼓。Ⅲ型铜鼓最早出现于中越边境，如广西龙州响水的派浪鼓和靖西湖润的庭毫山鼓，大约在8世纪进入缅甸[①]。

这个发展阶段的划分反映了中国南方与东南亚铜鼓文化的整体发展趋势，实际上每个地区的发展过程并不完全同步。历史上有些铜鼓文化曾经非常兴盛的地区，例如云开大山地区，铜鼓的使用今天已经罕见，而红水河流域，仍然保持了比较好的传统。铜鼓文化的演变过程，实际上反映了铜鼓使用民族的迁移和扩散过程，同时也反映了文化的融合和传播。

第三节 铜鼓在西江流域的传播

西江流域目前所发现的古代铜鼓主要收藏在各大博物馆，例如广西民族博

[①] 万辅彬等：《大器铜鼓——铜鼓文化的发展、传承与保护研究》，北京：中国科学技术出版社，2013年，第148～149页。

物馆、广西壮族自治区博物馆等,一些小型博物馆和展览馆也有收藏,例如广西师范大学王城博物馆就收藏了7面古代铜鼓。这些铜鼓多为采集而来,也有少量考古发掘品,包括了铜鼓的多个类型,其中以北流型、冷水冲型和灵山型最为典型。各类铜鼓的传播路径现在还不是非常清楚,但主要的路线应该是从西江上游顺流而下,传播到西江中下游的各个地方,并进一步繁荣发展。西江流域主要铜鼓类型的分布情况如下(表一)。

表一　西江流域主要铜鼓类型的分布

铜鼓类型	起止时代	分布范围
万家坝型	春秋早期—战国早期	南盘江-右江流域
石寨山型	战国时期—东汉初期	南盘江-右江流域
冷水冲型	西汉中期—唐代	邕江-郁江-浔江流域、红水河流域
北流型	西汉初期—南北朝末期	西江中下游、云开大山区
灵山型	东汉晚期—中唐时期	西江中下游、云开大山区

1. 铜鼓在西江流域的传播路径

铜鼓文化的传播一般有三种主要途径:第一种途径是通过民族迁徙的方式;第二种途径是通过贸易传播的方式;第三种途径则是通过引进的方式。铜鼓因为具有神器和重器的功能而深受当时正处于阶级分化过程中的酋长和头人们的欢迎,从而被引入当地。铜鼓文化传播的路径实际上说明了这样一个重要事实:西江流域自古以来就是一个民族交往、经济往来和文化交流的重要地区,而铜鼓便是中国南方和东南亚地区空间共性文化的载体之一[①]。

万家坝型铜鼓(即早期铜鼓)于春秋早期发源于云南中西部的楚雄一带,现今发现时代最早的为楚雄万家坝墓葬群出土的5面。其后,万家坝型铜鼓的传播分别向西到达腾冲地区,向南到达越南、泰国北部等地,向东到达云南中东部及南盘江-右江流域。但由于各种原因,万家坝类型铜鼓在这些地区并没有得到繁荣发展。

万家坝型铜鼓在战国时期传播到环滇池地区的滇国中心一带,很快演变成为石寨山型铜鼓,器形更加成熟。滇国的石寨山型铜鼓从战国中晚期发展到西

---

① 范丽萍:《铜鼓文化在泛北部湾地区的空间分布与价值共享》,《广西师范大学学报(哲学社会科学版)》2014年第5期,第9～15页。

汉中晚期达到高峰，成为制作精美、纹饰绚丽多彩的早期铜鼓的典范。考古发现表明，大约在战国晚期，滇系石寨山型铜鼓已经传播到西江流域，此后又演变成为各种形态的地方铜鼓类型。西汉时期，骆越地区的石寨山型铜鼓（黑格尔Ⅰ型）发展达到了高峰，派生出许多精美绝伦的铜鼓杰作。尽管如此，从铜鼓的造型和纹饰，仍然可以看出上古滇系铜鼓对骆越铜鼓的持续影响，如骆越铜鼓的形制和最常见的竞渡船纹、犁牛纹装饰主题，都源自滇系铜鼓。特别是象征蛙崇拜的蛙饰和蛙纹，最初也是见于滇系铜鼓，有可能是西江流域铜鼓蛙纹的重要来源。此后，铜鼓上的蛙像雕饰成为桂南地区的北流型、灵山型、冷水冲型和越南红河型铜鼓的典型特征[①]。

石寨山型铜鼓在传播过程中扩大了铜鼓的分布区域，其向北到达四川南部，东北至贵州西部，向东到达右江流域，影响力一直到达广西中东部，向南到达越南北部红河三角洲。

石寨山型铜鼓向东方的传播主要分为两路：一路由南盘江经过贵州和广西交界地区，并经红水河传播到百濮族群中的句町和夜郎地区。另一路通过西洋江、驮娘江顺流而下，首先在广西的西林、田林传播，并到达右江河谷。今天右江河谷不仅出土了石寨山型铜鼓，而且也出土了万家坝型铜鼓。20世纪70年代，在贵县发掘了罗泊湾汉墓，出土了数面石寨山型铜鼓。句町、夜郎地区的滇系铜鼓继续东传，与北来的楚（汉）文化汇集，在郁江流域形成了北流型铜鼓和灵山型铜鼓，在浔江流域形成了冷水冲型铜鼓，汉至两晋时期在两广南部形成一个新的铜鼓分布中心，学术界称之为粤式铜鼓，最主要的特点是器形硕大。这一带居住着百越族群的后裔乌浒人，也即后来的俚人。他们与北边的楚、西边的滇、南边的骆越关系密切。粤式铜鼓继续向东传播，到达广东的云浮和阳江，并经雷州半岛直抵海南岛[②]。

大约在西汉中期，石寨山型铜鼓在邕江流域衍生出了冷水冲型铜鼓。早期冷水冲型铜鼓主要继承了石寨山型铜鼓的特点，之后沿着郁江-浔江继续向东传播。此外，在红水河流域亦出现了冷水冲型铜鼓，分为早期鼓和晚期鼓。

在冷水冲型铜鼓产生前后，在西江中下游的云开大山区出现了北流型铜鼓。之后该型铜鼓以云开大山区为中心向四周传播，一直沿用至南北朝末期。在北流型铜鼓传播期间，约在东汉晚期，于同一地区衍生出了灵山型铜鼓。

---

① 谢崇安：《上古滇系铜鼓对骆越铜鼓造型与纹饰的影响》，《民族艺术》2016年第6期，第62～68页。
② 张增祺：《略论铜鼓的起源与传播》，《古代铜鼓学术讨论会论文集》，北京：文物出版社，1982年，第85页。

2. 南盘江－右江流域各型铜鼓的发现及特点

（1）万家坝型铜鼓

在南盘江－右江流域这一区域内，共发现万家坝型铜鼓9面，具体情况如下（表二）：

表二　南盘江－右江流域万家坝型铜鼓发现统计表

时间	出土地点	编号	数量（单位：面）
1978年	云南省曲靖市八塔台出土	曲靖八塔台M1：1号鼓	1
1977年	云南省曲靖市八塔台出土	曲靖市八塔台2号鼓	1
1983年	云南省广南县沙果村出土	广南沙果村Ⅰ号鼓	1
1985年	云南省广南县沙果村出土	广南沙果村Ⅱ号鼓	1
1962年	云南省丘北县草皮村出土	丘北草皮村鼓	1
2001年	云南省广南县者偏村出土	广南县者偏鼓	1
1993年	广西田东县祥周乡出土	田东县南哈坡A鼓	1
1993年	广西田东县祥周乡出土	田东县南哈坡B鼓	1
1994年	广西田东县林蓬乡出土	田东县大坡岭鼓	1
总计			9

注：未统计出土地点不明确的收集品或传世品，下表同。

这9面万家坝型铜鼓均为中晚期鼓，其特点主要有：鼓面直径较小，个别面径小于腰径。鼓胸特别突出，鼓腰收束，上窄下丰，鼓足短，足径较大。胸腰之间一般附有两对扁耳，其中丘北草皮村鼓在合范线处前后还有二个对称的圆形乳柱高出器表。这9面铜鼓整体矮小，高28.5～39厘米，均小于鼓的最大径，这使铜鼓呈现出扁宽的特点。

鼓面普遍装饰有太阳纹，唯有曲靖市八塔台2号鼓为素面。太阳纹周围有光芒环绕，芒数不定，在6芒到27芒之间，个别鼓的太阳纹外还环绕有一道到三道的晕圈，广南沙果村Ⅱ号鼓只有太阳纹，除此之外通体素面。除了广南沙果村Ⅱ号鼓，其他8面铜鼓的纹饰简单古朴，鼓面除太阳纹外无其他装饰，鼓胸、鼓足亦为素面。仅鼓腰有用垂直单线纵分为数个大小相似的空格，其中广南沙果村Ⅰ号鼓、广南县者偏鼓仅有垂直单线，空格内未填其他纹饰。其余的鼓在格下有云雷纹、回形纹、点纹、圆圈纹等纹饰，有些在格内还填有鼍纹。其中，田东县祥周乡联福村南哈坡出土的两面铜鼓，鼓面小，鼓胸外凸，鼓腰极度收束，鼓足短矮，花纹简单粗犷，与云南楚雄万家坝出土的典型万家坝型铜鼓相似，属于春秋战国时期，为铜鼓的原始类型（图八）。田东县林逢乡和同村大岭坡出土的一面铜鼓情况类似。

图八　田东县祥周乡联福村南哈坡出土万家坝型铜鼓（南哈坡 A）

整体来看，这 9 面万家坝型中晚期铜鼓，造型粗犷，做工粗糙，体现了原始的特点。但是在个别晚期鼓上又出现了一些新的、复杂的纹饰，表现了这一时期万家坝型铜鼓向石寨山型铜鼓过渡的情况。

（2）石寨山型铜鼓

石寨山型铜鼓分布地域广、流传时间长，所以发现的铜鼓数量较多。在南盘江-右江流域这一区域内，至今共发现石寨山型铜鼓 24 面，具体情况如下（表三）：

表三　南盘江右江流域石寨山型铜鼓发现统计表

时间	出土地点	数量（单位：面）
1972 年	云南省江川县李家山出土	8
1991 年	云南省江川县李家山出土	6
1919 年	云南省广南县出土	1
1992 年	云南省富宁县出土	2
1972 年	广西西林县普陀粮站出土	4
1977 年	广西田东县锅盖岭出土	1
1977 年	广西百色市龙川公社出土	1
1990 年	广西隆林县扁牙乡共和村出土	1
总计		24

此外，在广西贵县（今贵港市）贵县高中墓地出土石寨山型铜鼓 1 面，罗泊湾汉墓出土 2 面（图九）。在广西贺县（今贺州市）沙田乡龙中村红朱山岩洞葬出土石寨山型铜鼓 1 面。

图九　罗泊湾 M1 : 10 鼓（1976 年出土于贵港罗泊湾 1 号汉墓）

这 24 面石寨山型铜鼓均为中晚期鼓，其特点主要有：鼓胸突出，胸径最大处偏上；腰部上窄下丰呈梯形，腰径小于面径；胸腰之际附有绳纹或辫纹扁耳两对，部分为夹耳两对；其中还有个别铜鼓为四对叶脉纹扁耳或四只叶脉纹单耳；鼓足外侈，足径大于面径；高度小于宽度，整体同万家坝型铜鼓相似，呈现出扁宽的特点。

1991 年出自云南江川李家山的石寨山型铜鼓中有 5 面（编号分别为：M47 : 21、M50 : 89、M57 : 84、M68 : 285、M69 : 192），制作粗糙，通体镀锡，素面。其余石寨山型铜鼓均纹饰丰富复杂，且布局较规整。鼓面饰太阳纹，锐角光芒，部分太阳纹凸出于鼓面，芒数不定，主要有八芒、十芒，其余还有九芒、十二芒、十四芒、十六芒、二十一芒等，芒间填以斜线纹或复线角型纹。太阳纹周围由数圈宽窄不等的晕圈环绕，基本为二弦分晕，个别为单弦分晕，有三晕、四晕、五晕、六晕、八晕、十二晕、十三晕、十六晕等，晚期鼓普遍晕圈数量较多，体现出工艺的精湛。晕圈内填以纹饰，主要有翔鹭纹、点纹、同心圆纹、三角齿纹和锯齿纹相配合的几何纹带等，晚期还出现了雷纹、勾连云纹等纹饰，其中云南富宁孟梅征集的两面铜鼓在纹饰上还出现了瘤牛与翔鹭相间的情况。鼓胸上部多饰以点纹、锯齿纹等几何纹带，胸下部部分为素面，部分饰以头戴羽冠的羽人划船纹或足股相连的羽人侧坐纹。鼓腰上部多用垂直的圆圈纹、点纹、锯齿纹等几何纹带分格，下部饰以横置的几何纹带。格间或空白，或填以丰富形象的写实纹样，例如头上堆髻或头插羽尾的跳舞羽人等人物形象，牛、鹿等动物形象。鼓足素面无装饰。

西林县普驮屯墓葬出土的4面铜鼓中，最大的一面是比较典型的石寨山型铜鼓。此鼓面径77.5厘米，鼓面装饰太阳纹、勾连点纹、勾连云纹、锯齿纹夹勾连圆圈纹，主要图案是20只翔鹭，一只接着一只，形成一个环绕着太阳纹旋转的花环；鼓胸中部有6组船纹，每船有8～11人，头戴羽冠，腰系两幨，人物划桨动作相同。船与船之间有鸬鹚或鱼纹；鼓腰部被圆点纹、锯齿纹夹羽状纹纹带纵向分隔成12格，每格又被勾连圆圈纹带横隔成上下两层，上层饰鹿纹，每格有鹿2只或3只，下层饰羽人舞蹈纹，每格舞者2人。舞者化妆成鹭鸟，头戴羽冠，顶饰蓑毛，髻缀双翼，身着前后两幅连衣舞裙，以手为势，扭动腰身，表现鹭鸟飞翔停落的姿态。每一格自成一幅双人舞的特写画面。将这12幅画面连接展开，就是一幅长卷，汇成姿态丰富的大型集体舞。这场舞蹈，使人看到有如群鹭飞翔，或高或低，忽上忽下，翩然有序，美妙动人[①]。

整体看来，这24面石寨山型铜鼓做工精细，纹饰丰富写实，体现了铜鼓制作工艺进入成熟发展的阶段。其中晚期鼓中出现的一些纹饰特点，又体现了石寨山型鼓在传播过程中逐渐转化为冷水冲型铜鼓的情况。

石寨山铜鼓流行年代是从战国时期至东汉初期，前后延续了大约500多年。

3. 邕江－郁江－浔江流域冷水冲型铜鼓的发现及特点

西江流域冷水冲型铜鼓以桂平、平南、藤县一带最为集中，分布于邕江-郁江-浔江-西江两岸，红水河流域也有发现。流行年代从东汉到隋唐，以两晋南朝时期最为繁盛，分布地域跨度较大，内涵较为复杂（表四）。

（1）冷水冲型铜鼓概况

冷水冲型铜鼓以发现于广西藤县冷水冲的一面铜鼓为标准器（图一〇）。以后在陆续的发掘和收集中发现了数量众多的此型铜鼓，地点主要集中于邕江-郁江-浔江流域及红水河流域。目前中国各地现存冷水冲型铜鼓200面左右，由于数量较多，现对邕江-郁江-浔江流域的部分特点较明显的冷水冲型铜鼓进行分析简述。冷水冲型铜鼓可分为早晚两期。

[①] 蒋廷瑜：《广西古代铜鼓》，《中国文化遗产》2008年第5期，第40～45页。

表四　邕江－郁江－浔江流域冷水冲型铜鼓统计表

编号	出土地点	分期
横县5号鼓	广西横县石塘小燕村出土	早期
土1号鼓	广西平南县官成东盛出土	早期
166号鼓	广西横县陶圩大塘出土	早期
100号鼓	广西藤县蒙江公社横村冷水冲出土	早期
299号鼓	广西平南县大成旺石出土	早期
102号鼓	广西藤县古竹出土	早期
藤县03号鼓	广西藤县平福出土	早期
103号鼓	广西桂平县出土	早期
武宣01号鼓	广西武宣县渡口出土	早期
126号鼓	广西藤县蒙江出土	早期
宾阳2号鼓	广西宾阳县出土	早期
平南田螺塑像鼓	广西平南县出土	早期
武鸣罗波鼓	广西武鸣县罗波镇出土	早期
武鸣1号鼓	广西武鸣县两江出土	晚期
宾阳5号鼓	广西宾阳县出土	晚期
305号鼓	广西邕宁县（现南宁市邕宁区）八塘六鸣山出土	晚期
田东01号鼓	广西田东县祥周酸水坡出土	晚期

图一〇　冷水冲型100号鼓（广西藤县蒙江公社横村冷水冲出土）

冷水冲型铜鼓普遍体形高大，面径不出沿或稍稍出沿；鼓胸略大于面径或与面径相等，稍微膨胀，不很凸出；鼓腰上部略直，最小径在中部；鼓足较高，与胸部高度略等；鼓耳宽扁，饰辫纹，有的在四耳之外还有半圆茎拱耳一对。

表中举例早期鼓的面径均在 80 厘米左右，宾阳 2 号鼓更是达到了 91.5 厘米，但是晚期鼓面径稍小，均在 60～70 厘米。早晚期鼓身高均在 43.7～60 厘米。面径小于胸径，或等于胸径，个别鼓面径大于胸径（例如 299 号鼓、武鸣罗波鼓等）。鼓腰呈反弧形内凹，整个铜鼓的最小径在鼓腰中部。鼓足高，高度大体与鼓胸相等。胸腰之际有宽大的扁耳两对，有的铜鼓还在两对扁耳之间和铜鼓两边各铸有半圆形环耳一个，例如 100 号鼓。

冷水冲型铜鼓继承了石寨山型铜鼓铸造精美、装饰丰富的特点，纹饰特点十分鲜明，分为立体装饰与平面装饰。立体装饰有：铸在鼓面四周首尾相顾的立体青蛙塑像，早期个别鼓出现累蹲蛙，蛙背上刻有纹饰，同时青蛙之间或还铸有骑马、观蛙台、牛拉橇、禽类、田螺、龟等塑像。平面装饰有：鼓面中心为太阳纹，基本为十二芒，其中 126 号鼓为 9 芒，宾阳 2 号鼓为 15 芒。光芒为锐角，早期芒间填以翎眼纹，晚期演变为复线翎眼纹。太阳纹周围环绕着大小不等的晕圈，有一弦分晕、二弦分晕、三弦分晕，晕圈间填以水波纹、同心圆纹、复线交叉纹、栉纹、席纹、眼纹等，主晕为高度图案化的变形羽人纹、变形翔鹭纹。晚期变形翔鹭纹演变成了无颈或直颈大头形，出现定胜纹等纹饰。鼓胸多饰以波浪纹、同心圆纹、栉纹以及变形划船纹等（图一一）。鼓腰饰以变形舞人纹、方格纹等。早期鼓鼓足饰以羽纹、细方格纹、眼纹、圆心垂叶纹等复杂纹饰。晚期时鼓足装饰仅用复线角形纹，纹饰风格简单化。

图一一　冷水冲型 100 号鼓变形划船纹

如桂平所出两面冷水冲型铜鼓，皆属于较为典型的早期鼓，制作精美。1954年所出牛拉橇铜鼓（103号鼓），属于三国时期，高59厘米，面径82.4厘米，足径83.5厘米。鼓面边沿4只大青蛙之间有两组牛拉橇立体塑像，牛的两侧各有一条长而直的辕木，前高后低。辕木前端用轭木连接，套在牛的颈背上。尾部有一栏架，架上放一个敞口大篓。1993年桂平金田新燕村民在牛利田挖到一面铜鼓，鼓面上有人牛播耕、孩童戏鹅塑像。人牛耕播塑像由一人、一篓、一牛组成，前面一头大水牛，牛的四足立地，仰首平身，粗角大眼，鼻套一圆环，环上系辫纹粗绳索，绳索末端缠绕在跟随牛后面的驾牛人之左手手腕上；驾牛人颈部有一扁状宽带绕颈一圈，系一只半球形篓，篓悬于左胸前。孩童戏鸭塑像由一母鸭、一仔鸭和一孩童组成，孩童抱仔鸭于前，母鸭仰首前视立于后，似追逐状①。

整体看来，早期冷水冲型铜鼓继承了石寨山型铜鼓装饰华丽的风格，并发展出了鼓面以青蛙为主的立体装饰的新特点，或反映了当地人青蛙崇拜的观念。晚期冷水冲型铜鼓纹饰减少而逐渐单一，翔鹭纹等图案更加抽象化，反映了这一时期冷水冲型铜鼓逐渐衰败的趋势。

（2）西江流域冷水冲型铜鼓的两个地方类型及其关系

冷水冲型铜鼓分布范围较大，在广西南部、越南北部多有发现，学术界对其研究较为深入。国内多数学者认为冷水冲型铜鼓是上继石寨山型，下接遵义型和麻江型。但国内外也有部分学者认为冷水冲型铜鼓其实不是来源于石寨山型，而是来自于越南北部红河流域的东山文化。例如日本学者今村启尔将所谓黑格尔Ⅰ式铜鼓（冷水冲型）分为东山系和石寨山系，并认为冷水冲型不是石寨山型的继续而是以越南北部为分布中心的东山系铜鼓系统的继续②。农学坚则根据理村鼓的研究认为，"以往所指的冷水冲型晚期诸鼓，并非由冷水冲型中期鼓衰变而成，而是由与右钟鼓时代相当的多笔、农贡、理村等一批有'定胜纹'的冷水冲型早期铜鼓发展而来"③。郭立新等人也持大致类似的观点④。

冷水冲型铜鼓有三个地方类型。带定胜纹的冷水冲型铜鼓主要分布在邕江

---

① 蒋廷瑜：《广西古代铜鼓》，《中国文化遗产》2008年第5期，第40～45页。
② 〔日〕今村启尔：《论黑格尔Ⅰ式铜鼓的二个系统》，《铜鼓和青铜文化的新探索》，南宁：广西民族出版社，1992年，第85～95页。
③ 农学坚：《桂平理村铜鼓研究》，《铜鼓和青铜文化的新探索》，南宁：广西民族出版社，1992年，第60～61页。
④ 郭立新、万辅彬、姚崇安：《论冷水冲型铜鼓的三个地方类型》，《广西民族学院学报（哲学社会科学版）》1997年增刊，第101～104页。

和左右江流域，以宾阳、邕宁、武鸣、横县等地最为密集，学术界称之为邕江型或邕江式。典型冷水冲型铜鼓主要分布在浔江流域，尤其以桂平、平南、藤县三县最为密集，学术界称之为浔江型或浔江式。东山系冷水冲型铜鼓主要分布在越南北部的红河下游地区，尤其以清化、河山平等省较多，学术界称之为红河型或红河式。这三个地方类型分布中心相隔遥远，分布范围仅有部分交错。从二十余件标本的铅同位素比值来看，形成了三个分布场，说明它们各自有不同的矿料来源[1]。其中的邕江型和浔江型位于西江中游地区，郭立新等学者曾经注意到它们之间的区别，并提出应该把广西境内的冷水冲型铜鼓划分为甲乙两个地方亚型[2]，并总结其特点如下。

邕江型。鼓面多伸出于鼓颈之外，鼓面边缘光素。立蛙四只，嘴尖上翘，素朴少纹。太阳纹十二芒，芒间皆饰翎眼纹。单弦或二弦分晕，二弦者弦间光素。主晕为变形羽人纹和翔鹭纹，羽人纹有头饰二到三组，翔鹭间多饰定胜纹四组。其他各晕饰复线交叉线、栉纹和同心圆纹或切线接同心圆纹，无对向三角纹或S形曲折纹。胸足部纹饰较少，鼓胸仅个别有船纹，鼓腰上半部多有用直线、栉纹和同心圆纹组成的纵向分格纹带。鼓足饰圆心垂叶纹。邕江型又可分为二期。早期以桂博038号、桂博136号、桂博337号、武鸣71号、武鸣72号、武鸣69号鼓等为代表。多为二弦分晕，晕弦较宽且弦间光素。变形羽人纹颇不规整，羽冠上的毛发或短或弯，颜面为两个同心圆。翔鹭纹以直嘴为多，体形不定，间置定胜纹四个。晚期以桂博322号鼓、桂博305号鼓，越南104、103、105、107、108、110号鼓为代表。鼓面更阔，平伸于鼓颈之外。变形羽人纹图样高度统一，颜面为两个同心圆中心加一个实心小圆点，头饰分为一斜一平的两组，羽冠上的线条纤细平直，与竖向隔栏相连。翔鹭多无颈，尖直嘴或粗短弯嘴，间置定胜纹四组八个。

浔江型。典型器有桂博100、102、103、058号鼓，桂平3号鼓，武宣1号鼓等。浔江型鼓面略向颈外伸展，足部较高。除了扁耳两对之外，多还有环耳一对。鼓面立蛙四只，嘴尖略下倾，装饰华丽，双臀、背侧和头部边缘均饰绳索纹带。此外，蛙之间多还铸有乘骑、花树、鱼、鸟等立饰。鼓面和鼓身均满布晕圈和纹饰，且纹饰布局高度一致，较少变化。以单弦、二弦或三弦分晕，三弦者弦间多饰羽状纹。芒间均为翎眼纹，变形羽人纹高度图案化，仅一组头

---

[1] 万辅彬：《中国古代铜鼓科学研究》，南宁：广西民族出版社，1992年，第85～95页。

[2] 郭立新：《论冷水冲型、北流型、灵山型铜鼓的关系》，中国南方和东南亚地区古代铜鼓和青铜文化第三次国际学术讨论会论文，桂林，1996年。

饰，颜面为两个同心圆中央加一个实心小圆点，羽冠上的线条纤细平直，末端与隔栏相连。翔鹭纹之颈和嘴皆细长弯曲，翅膀简化成折线，全无飞翔之意。鼓面近边缘处多饰有两晕眼纹。鼓胸饰高度图案化的变形船纹，鼓腰上半部饰变形羽人纹，鼓足饰圆心垂叶纹。其他各晕一般饰水波纹、方格纹、羽纹、同心圆纹、栉纹、复线交叉纹。浔江型的年代在东汉晚期到南朝。

在红河型、邕江型、浔江型铜鼓中，以红河型早期铜鼓与石寨山型在纹饰和形制上最为接近，红河型早期铜鼓应该是从石寨山型铜鼓中的东山系演变过来的。邕江型早期铜鼓的年代晚于红河型，邕江型可能是从红河型衍生出来的。

038号、131号、166号鼓为探寻邕江型与浔江型的关系提供了线索。出土于宾阳县思陇公社的038号鼓，鼓面边缘光素，从立蛙、变形羽人纹等纹饰来看，它属于邕江型早期，但该鼓出现了水波纹，鼓腰上部饰有变形羽人纹，无定胜纹，翔鹭纹的颈和嘴较细而长，渐露浔江型之端倪。131号鼓和166号鼓则向浔江型更进一步发展，除了鼓面无眼纹，蛙间无其他立饰，亦不见环耳和用三弦分晕之外，其他纹饰及布局均已与浔江型相同。这说明，浔江型是从邕江型早期衍变出来的，其最初年代当同于或稍晚于邕江型早期。邕江型晚期鼓与浔江型鼓在风格上比较接近，这说明浔江型出现以后，又曾经反过来对邕江型鼓产生了影响[①]。

4. 云开大山区各型铜鼓的发现及特点

（1）北流型铜鼓

北流型铜鼓以广西北流市出土的北流型铜鼓为标准器，主要分布在以北流市为中心的两广交界之西江中下游及云开大山区。目前北流型铜鼓在国内及东南亚地区出土150多面，而在广西北流境内发现出土的就有约50面，可见北流一带是北流型铜鼓的分布中心。北流型铜鼓的演变过程可以分为早期、中期和晚期三个阶段，年代上限在公元前1世纪的西汉或更早，下限可能到公元8世纪的唐代。

现对部分特征较明显的北流型铜鼓进行简述和分析（表五）。

---

① 郭立新、万辅彬、姚崇安：《论冷水冲型铜鼓的三个地方类型》，《广西民族学院学报（哲学社会科学版）》1997年增刊，第101～104页。

表五　云开大山区北流型铜鼓统计表

编号	出土地点	分期
101 号鼓	广西北流市出土	早期
北流 01 号鼓	广西北流市六靖大伦出土	早期
粤 144 号鼓	广东信宜市竹篓岗出土	早期
浦北 03 号鼓	广西浦北县小江出土	早期
五铢鼓	广西岑溪市出土	中期
粤 134 号鼓	广东信宜市尚文出土	中期
116 号鼓	广西北流市六沙出土	中期
北流 06 号鼓	广西北流市六靖出土	中期
桂平 06 号鼓	广西桂平蒙圩出土	中期
60 号鼓	广西玉林市小平山出土	中期
粤 142 号鼓	广东信宜市杉木塘出土	中期
粤 102 号鼓	广东罗定市两塘出土	晚期
146 号鼓	广西岑溪市出土	晚期
桂平 01 号鼓	广西桂平沙坡出土	晚期
土 04 号鼓	广西平南县六陈出土	晚期
灵山 05 号鼓	广西灵山县石塘出土	晚期
玉林 2 号鼓	广西玉林小平山出土	晚期
316 号鼓	广西陆川县出土	晚期
56 号鼓	广西陆川县良田出土	晚期
140 号鼓	广西博白出土	晚期
容 2 号鼓	广西容县灵山出土	晚期
周亨鼓	广东阳江市阳东县大八镇周亨出土	晚期

北流型铜鼓形体厚重庞大，为诸铜鼓类型之最，多数铜鼓面径超过 100 厘米。其中北流市 101 号铜鼓最为硕大，原存于北流市六靖镇水埇庵，现珍藏于广西民族博物馆，是迄今所见世界上最大的古代铜鼓。鼓面直径 165 厘米，高 67.5 厘米，重达 300 千克，面径为存世古代铜鼓中最大者，被誉为"铜鼓王"（图一二）。

要从大的方面来把北流型铜鼓与其他类型铜鼓区别开来的话，可以归纳出如下 9 个基本特征：①形体硕大肥重；②鼓面庞大，伸出鼓颈之外，边缘有垂檐；③胸壁斜直外凸，最大径偏下，胸腰际收缩，曲度不大，以一道凹槽作为胸腰分界，鼓腰成反弧形，腰足间以一道凸棱分界；④鼓足外侈，与面径大小相当；⑤鼓耳结实，多为圆茎环耳；⑥铜鼓所饰青蛙小而朴实；⑦太阳纹圆凸如饼，以八芒居多；⑧装饰纹样以云雷纹居多；⑨鼓面大于鼓身，鼓面边缘都伸出鼓胸之外①。

北流型铜鼓的各项特征有一个发展演变的过程。早期北流型铜鼓面径均在 70～165 厘米，多数足部残损，高 50～80 厘米。足部残损可能是人为有意损坏所致，系敲下铜片用于首领等高级别人物随葬。中期北流型铜鼓面径 62～95 厘米，高度 37.4～69 厘米。晚期北流型铜鼓面径 55～142 厘米，高度 32～80 厘米。这类铜鼓，形体硕大厚重，鼓面宽大，鼓面均出沿于鼓颈，大于鼓胸，部分鼓的鼓面边沿稍向下折，形成北流型铜鼓特有的"垂檐"。鼓胸向外凸出，最大径偏下。胸腰之间有一道凹槽来作为二者分界。鼓腰呈反弧形收束，弧度较小。腰足之间以一道凸棱作为分界。鼓足外侈，足径与面径大致相等。胸腰之间附有环耳或带孔扁耳两对，鼓耳结实，多为圆茎环状耳，特别牢固。鼓面青蛙塑像瘦小朴实，轮廓线条硬直，如斧劈刀削（图一三）。

图一二　北流型 101 号鼓，
世界铜鼓之王（广西北流市出土）

图一三　北流型铜鼓鼓面塑像

北流型铜鼓纹饰简单，分为立体装饰和平面装饰。立体装饰为鼓面上首尾环绕的青蛙塑像，除少数鼓面无蛙外（例如 101 号鼓），其余鼓面均有青蛙塑像，个别为六蛙，基本为四蛙。青蛙塑像素面，小而呆板。平面装饰较为丰富。鼓面中心为太阳纹，光体凸出如饼，光芒细长，芒数有六芒、八芒、十芒、十二芒等。鼓面鼓身大多为三弦分晕，个别为二弦分晕。晕圈之间主要填以云纹、雷纹，密密麻麻遍布全身，单调而缺少变化。还有少量的雷纹填线纹、水波纹、同心圆纹、复线角型填线纹、五铢钱纹和"四出"五铢钱纹。晚期一些北流型铜鼓上还出现了变形羽人纹、鸟纹、席纹、半圆纹、四瓣花纹等纹饰。

整体看来，北流型铜鼓均厚重庞大，与同时期的冷水冲型铜鼓相比，缺少

---

① 黄子珊：《浅析广西北流型铜鼓》，《文物世界》2013 年第 4 期，第 46～49 页。

了纹饰的华丽繁缛，青蛙塑像也变得小而呆板。纹饰上北流型铜鼓采用了中原青铜文化所较多使用的云雷纹，体现了北流型铜鼓吸收中原文化的特点。

（2）灵山型铜鼓

灵山型铜鼓以广西灵山县出土的铜鼓为标准器（图一四），主要分布于以灵山县为中心的两广交界之西江中下游及云开大山区。目前国内收藏的灵山型铜鼓大约为100面。现对特征较明显的灵山型铜鼓进行简述和分析。灵山型铜鼓的流行年代是汉代到唐代，发展阶段可分为早期、中期、晚期三期（表六）。

表六 云开大山区灵山型铜鼓统计表

编号	出土地点	分期
粤98号鼓	广西灵山县烟墩那昌山出土	早期
33号鼓	广西北流市肖屋园出土	早期
灵01号鼓	广西灵山县旧州出土	早期
横1号鼓	广西横县云表出土	早期
陆川2号鼓	广西陆川县米场出土	早期
浦北06号鼓	广西浦北县龙门出土	早期
横02号鼓	广西横县马山出土	早期
灵山3号鼓	广西灵山县出土	早期
浦北01号鼓	广西浦北县小江出土	中期
横06号鼓	广西横县良圻出土	中期
粤01号鼓	广西灵山县绿水村出土	中期
142号鼓	广西横县出土	中期
粤2号鼓	广东省肇庆市高要区出土	中期
粤03号鼓	广西灵山县出土	中期
306号鼓	广西横县广龙出土	晚期
横3号鼓	广西横县六景出土	晚期
灵山4号鼓	广西灵山县出土	晚期
57号鼓	广西灵山县出土	晚期

灵山型铜鼓形制接近北流型，体型高大凝重，形象精巧。鼓面平展，稍广于或等于鼓身，边沿伸出，但不下折。早期鼓面径主要在70～90厘米，高度在40～65厘米。中期鼓面径主要在80～115厘米，高度均为50厘米左右。

晚期鼓面径主要在 70～80 厘米，高度在 40～50 厘米。鼓胸凸出，最大径在鼓胸的中部。胸腰仅用一条凸棱或凹槽分隔，其间附有两头宽、中间窄的桥型小扁耳两对。鼓腰呈反弧形收束，但弧度不大。同北流型相似，腰足之间以一道凸棱作为分界。鼓足外侈，足径基本等于面径，部分大于面径。

图一四　变形羽人纹鸟纹铜鼓（106 号），灵山型（藏广西民族博物馆）

灵山型铜鼓纹饰丰富精美，分为立体装饰和平面装饰。立体装饰主要为鼓面上环绕的青蛙塑像，早期青蛙塑像有四只、六只，足有三足、四足，累蹲蛙与单蛙杂用。中期鼓则多为六只三足蛙造型，或三足蛙与累蹲蛙相间，蛙背还饰以同心圆纹。晚期基本均为三单蛙三累蹲蛙相间。平面装饰复杂。鼓面中心的太阳纹也是圆突如饼，光芒细长如针，芒数量不一，有八芒、九芒、十芒、十二芒等，以十芒和十二芒最多。太阳纹外是大小不等的晕圈，采用二弦或三弦分晕。装饰花纹繁缛，鼓面和鼓身各有 3 道较宽的主晕。早期鼓晕圈间大多填以云纹、雷纹、席纹、半圆纹、同心圆纹、四瓣花纹、虫形纹、"四出"钱纹、连钱纹、蝉纹、轮形纹、羽人变形纹等。中期鼓饰以骑兽纹、羽人变形纹、鸟形图案、龙形纹、"四出"钱纹、轮形纹、连线纹、四瓣花纹、虫形纹等。晚期鼓花纹种类变少，小鸟纹、变形羽人纹都十分简化，骑兽纹、鸟形图案、龙形纹等不见。一些鼓的耳下方接近鼓足处装饰动物塑像，常见的是一对（或一只）小鸟，也有的是牛、羊、虎等动物。

最大的一面灵山型铜鼓是 1993 年在玉林市沙田镇六龙村莲塘坪出土的，鼓面最大径 133.7 厘米，通高 73.4 厘米，重约 175 千克，鼓面边沿顺时针环列 6 蛙，2 蛙背负田螺，4 蛙背负小蛙，足部饰小圆耳一对及立虎一只。

整体来看，灵山型铜鼓形体高大，纹饰丰富，呈现出铜鼓制作技艺大发展的阶段。灵山型铜鼓在纹饰上与北流型铜鼓、冷水冲型铜鼓有许多相同之处，三者之间具有密切关系。

硕大型粤式铜鼓退出历史进程很快，到晚唐时期，两广交界地区已经不再使用铜鼓了，铜鼓已经成为历史遗物，从地下出土铜鼓，被视为"怪异"，唐代刘恂《岭表录异》对此有记载。说明此地区已经发生了较大的族群和文化变迁，原来使用铜鼓的民族被迫西迁，或者放弃了原有的文化传统。

5. 北流型、冷水冲型和灵山型铜鼓的关系

在西江中游发展起来的铜鼓文化，最有地方性特征的是北流型、灵山型和冷水冲型三种，这是本土居民在外来文化基础上的辉煌创造。北流型铜鼓的年代较早，说明其产生在灵山型铜鼓之前，但灵山型铜鼓流行时期，北流型铜鼓并没有衰败，而且也已经产生了冷水冲型铜鼓。由于冷水冲型、北流型和灵山型的分布地域相连，并曾长期共存，使它们在形制和装饰风格上彼此渗透，既有自身的传统基础，又受到同时代其他类型的横向影响。这种传统和交流的交相作用，使不同类型的铜鼓既具有差异性，又具有相似性。郭立新先生认为，这三类铜鼓的关系如下。

（1）浔江型是以邕江型为基础，受北流型影响形成的一个冷水冲型地方类型。之所以认为浔江型曾受到冷水冲型的重大影响，是因为如果拿浔江型与邕江型及北流型进行对比，则可以发现，凡浔江型与邕江型不同的地方，大多是浔江型与北流型相似或接近的地方。如拥有环耳是北流型铜鼓的基本特征。邕江型鼓均无环耳，但浔江型鼓大多有一对环状或半环状耳。北流型鼓以装饰各种几何纹样为主。浔江型的几何纹样也比较多，其中不见于邕江型的有水波纹、方格纹和眼纹；水波纹、方格纹及同心圆纹与北流型鼓上的同类纹饰很相似；浔江型鼓上的眼纹，外方内圆，与北流型鼓上的雷纹填线纹也比较接近。北流型鼓均以三弦分晕。浔江型鼓面内外部分仍沿袭邕江型的传统，使用单弦或二弦分晕，但鼓面中部的主晕之间却多使用三弦分晕。浔江型鼓面鼓身纹饰密布，装饰繁缛，图案化程度较高。北流型鼓也是以鼓面鼓身满布各种几何形图案纹样为特征。浔江型与北流型的相似之处，对于浔江型而言，是构成其作为冷水冲型的一个地区亚型的重要内容；对于北流型而言，却是它的基本特征。如果再考虑到浔江型和北流型在地域上的联系，完全有理由相信，浔江型在形成和发展过程中曾受到北流型的强烈影响，北流型的影响是促使浔江流域冷水冲型鼓向浔江型演变的重要原因。

（2）灵山型是以北流型为基础受冷水冲型的影响而形成的。灵山型鼓与北流型鼓同属粤式铜鼓，其基本构造相同，如形体硕大厚重，鼓面一律伸出于鼓颈外，鼓身的侧面轮廓线基本相同；太阳纹芒线细而长，都使用大量细密的几何形纹饰，装饰繁复，纹饰满布器表。这表明它们之间具有传承关系。对此观点研究者似无异议，但在继承关系上却有两种截然不同的看法。一种观点认为，北流型是从灵山型演变过来的，而灵山型又是从冷水冲型演变过来的①。另一种观点认为，灵山型是从北流型演变过来的②。郭立新先生认为灵山型是以北流型铜鼓为主体，不断融合吸收冷水冲型鼓的部分特点并进行创造而形成的新类型。

从特征上看，灵山型介于北流型与冷水冲型铜鼓之间，与北流型、冷水冲型都存在着某种联系。如果孤立地看待这种联系，很容易造成将灵山型鼓看成是冷水冲型向冷水冲型演变的过渡类型的错觉。然而，如果系统地比较北流型、灵山型和冷水冲型的异同，则可以发现，凡是灵山型与北流型不同的地方大多正好是灵山型与冷水冲型相同或相似的地方。灵山型与北流型的区别在于：北流型鼓胸最大径位于中部偏下，灵山型多居中，冷水冲型鼓也多居中。北流型鼓面边沿有垂檐，灵山型与冷水冲型均没有。北流型鼓多环耳，灵山型则多为扁耳，冷水冲型亦为扁耳。北流型鼓面上的立蛙形象呆滞、笨拙，灵山型立蛙肥硕生动，装饰华丽，冷水冲型鼓的立蛙也多高大华美。北流型鼓上无其他立体装饰，灵山型和冷水冲型鼓则有。北流型多以三弦分晕，纹饰多为几何形纹，而灵山型鼓多以二弦分晕，纹饰除了几何形纹外，还有变形羽人纹、鸟纹、变形兽纹等主晕纹饰；冷水冲型鼓的主晕上亦有变形羽人纹、鸟纹等纹饰，也多以二弦分晕。另一方面，灵山型与冷水冲型不同的地方，恰是灵山型与北流型相似的地方：冷水冲型鼓腰上部与中部相差不大，近似筒形，胸腰分界明显。灵山型鼓腰则成反弧形，胸腰分界不明显，仅以一凹槽相隔；北流型亦如此。冷水冲型鼓面中心的太阳纹芒线多呈粗短的锥形，芒间饰翎眼纹；而灵山型与北流型鼓面中心的太阳纹芒线多细而长，芒间多饰雷纹、席纹等。冷水冲型鼓面纹样相对疏朗，而灵山型、北流型的纹样都较纤细，装饰繁密。冷水冲型鼓上多无钱纹、四瓣花纹，而灵山型和大部分北流型鼓上有各种钱纹和四瓣花纹。上面所列举的事实说明，冷水冲型、北流型和灵山型之间缺乏三者一致的在基本结构上一脉相承的共同点，灵山型铜鼓不可能是从冷水冲型到北流型鼓之间

---

① 李伟卿：《中国南方铜鼓的分类和断代》，《考古》1979年第1期。
② 洪声：《广西古代铜鼓的研究》，《考古学报》1974年第1期。

（或者是从北流型到冷水冲型）的过渡类型，而是以北流型为主体，融合冷水冲型铜鼓的部分特点进行创造而形成的新类型。

从灵山型的演变过程来看，灵山型是以北流型中期鼓为基础，不断接受冷水冲型鼓的影响并加以创造而成。在北流型铜鼓的分布中心没有发现典型的灵山型铜鼓，但在灵山型铜鼓的分布中心却发现了典型的北流型早期铜鼓，说明在灵山型鼓产生之前，北流型铜鼓已到达它的分布中心。灵山型的第一期（前期）与北流型比较相似，如鼓面均以三弦分晕，饰云纹、雷纹、云雷填线纹、席纹、钱纹等。但是，第一期鼓还出现了身饰划线纹的立蛙、辫纹扁耳等，鼓面晕圈也比北流型更为细密，这些特征又与冷水冲型鼓相似，应是受毗邻的邕江型影响所致。从灵山型第二期（早期）开始，来自冷水冲型鼓的影响更为强烈。如开始以二弦分晕，鼓面上已有主晕和辅晕之分，主晕上出现了与邕江型完全一样的变形羽人纹，以及由变形羽人纹演变而来的变形兽纹，鼓面边缘及鼓身下部的圆心垂叶纹演变成蝉纹；胸部最大径开始居中。经过前两期的融合演变，第三期灵山型鼓全部以二弦分晕，鼓面晕圈细密，主晕辅晕分明，出现鸟纹，饰圆涡纹的立蛙等。鼓面纹饰程式化，规范化，标志着灵山型铜鼓进入成熟期。

郭立新先生继而认为，三类铜鼓之所以出现这种继承关系，与西江流域铜鼓使用民族的分布和流变密切相关。一般认为，北流型、灵山型铜鼓的铸造者和使用者是乌浒人和俚人，冷水冲型铜鼓的主人是僚人。从灵山型铜鼓的形成过程来看，乌浒蛮可能是以俚人的一支为基础，融合郁江流域的部分僚人（冷水冲型铜鼓的主人）而形成的。由于它的主体民族是俚人，并与原来的俚人始终保持着密切的联系，故有时仍被人称为俚人，或被看作俚人的一个支系。冷水冲型铜鼓的主人——僚人支系繁多，成分复杂。在浔江型鼓的分布中心浔江流域，主要有山僚和东西洞僚等。它们的形成，以浔江型的形成而论，可能是以郁江地区迁徙而来的僚人为主，融合附近地区的俚人而形成的。冷水冲型、北流型和灵山型铜鼓之间发展演变或交流影响的关系，反映了当时俚、僚民族之间的融合与发展，交流与合作[①]。

总体来看，灵山型和北流型的形制相似，鼓面均以三弦分晕，饰有云纹、雷纹、云雷填线纹、席纹、钱纹等。晚期的灵山型铜鼓主晕上出现变形羽人纹，鼓面边缘与鼓身下部的圆心垂叶纹演变成蝉纹，显然是受冷水冲型的影

---

① 郭立新：《论冷水冲型、北流型与灵山型铜鼓的关系》，《广西民族学院学报（哲学社会科学版）》1997年第3期，第74～77页。

响。此外，三种类型的铜鼓均有立体蛙饰。从局部上看虽然其分布及其类型有所不同，但总体说来地域相连，长期并存，它们的形制和装饰风格彼此渗透，既有自身的特点，又受到同时代其他类型的横向影响。传统和交流的互动作用，使不同类型的铜鼓既有差异性又有相似性。因其差异而使不同类型得以区分划定，而相似性却成为探讨不同类型铜鼓关系的重要依据。因为隋唐之前，铜鼓在南方的政治、经济和文化生活中，占有非常重要的地位，其纹饰有的被认为是当时民族的宗教信仰、生活习俗的反映。从以上北流型、灵山型、冷水冲型铜鼓之发展演变或交流影响的关系，反映了俚僚民族之间的融合与发展，交流与合作。

6. 左江流域的西盟型铜鼓

粤式铜鼓以硕大为主要特征，除了北流型、灵山型、冷水冲型之外，还有一种西盟型。西盟型在西江流域发现不多，主要是在左江一带。唐代生活在左江流域的西原蛮除了使用灵山型铜鼓之外，也使用一种新型的西盟型早期鼓。西盟型铜鼓以云南省西盟佤族地区仍在使用的铜鼓为代表。这类铜鼓器身轻薄，形体高瘦，鼓面宽大，边沿向外伸出，鼓身为上大下小的直筒形，胸、腰、足没有分界线，一般三弦分晕，晕圈多而密，纹饰多小鸟、鱼、圆形多瓣的团花、米粒纹。鼓面青蛙塑像常见二蛙或三蛙甚至四蛙叠蹍；有的鼓身纵列象、螺蛳、玉树等塑像。

1971年在龙州县响水镇龙江村派浪出土了一面铜鼓（图一五）。鼓面大于鼓胸，腰足相连，呈直筒形，纹饰以一弦或二弦分晕，饰栉纹、菱形填线纹、乳钉套圈纹、羽人变形纹、翔鹭与小鸟纹、飞鸟与团花菱形纹。后在龙州武德、靖西湖润也出土过类似的铜鼓。它们代表了西盟型铜鼓的先声。这个类型的铜鼓后来沿着中越边境向西传播，在今天的缅甸境内发展成为真正的西盟型铜鼓[①]。

[①] 蒋廷瑜：《广西古代铜鼓》，《中国文化遗产》2008年第5期，第40～45页。

图一五　变形羽人纹鸟纹铜鼓（031号鼓），西盟型，1971年出土于龙州响水

7. 红水河流域铜鼓的发现及特点

大约在南北朝时期之后，冷水冲型铜鼓沿红水河向其上游传播，范围以今河池市、宜州市为中心。近数十年间，河池地区共发现冷水冲型铜鼓数面，但部分下落不明，收藏在馆的共有3面，现对其进行简要分析（表七）。

表七　红水河流域冷水冲型铜鼓统计表

编号	出土地点	数量（单位：面）
冲英大铜鼓	宜州市怀远镇冲英村冲英屯出土	1
冲英小铜鼓	宜州市怀远镇冲英村冲英屯出土	1
良山冲铜鼓	宜州市矮山乡良山冲村出土	1
总计		3

红水河流域发现的冷水冲型铜鼓数量较少，特点比较明显。冲英大铜鼓面径49.5厘米，高32厘米，足径56厘米。冲英小铜鼓面径33厘米，高24.5厘米，足径40厘米。宜州良山冲铜鼓面径66.5厘米，高44.5厘米，足径66.5厘米。冲英小铜鼓鼓面不出沿，鼓面小于鼓胸。良山冲鼓鼓面稍稍出沿，鼓面大于鼓胸。鼓胸圆凸，胸腰之际附有两对辫纹带孔宽大扁耳。鼓腰收束，但是弧度不大，整个铜鼓最小径在鼓腰中部。腰足之间有一道凸棱作为分界，鼓足高，高度大约与鼓腰相等。

这3面铜鼓纹饰十分复杂，除宜州良山冲鼓外，其余两面都没有鼓面立体装饰，宜州良山冲鼓鼓面呈逆时针环绕有四只青蛙塑像，素面。平面装饰丰富多彩。鼓面中心的太阳纹，有十芒、十二芒之分。光芒间填的花纹，三面铜鼓各有不同：冲英大铜鼓填以羽状纹、菱形翎眼纹；冲英小铜鼓填以复线角形纹、翎眼纹；宜州良山冲铜鼓填以翎眼纹。太阳纹周围环绕着宽窄不等的晕圈，三面鼓皆使用二弦分晕，有九晕、十晕、十一晕之分，主晕皆为变形羽人纹和变形翔鹭纹。其余晕圈的纹饰三面鼓各不相同，冲英大铜鼓有复线角形纹、切线同心圆纹、栉纹、勾连云纹、方格纹、定胜纹。冲英小铜鼓有勾连雷纹、切线圆圈纹、栉纹、菱形雷纹、切线圆心圆圈纹。宜州良山冲鼓有圆圈圆点纹、栉纹、复线交叉纹、双层圆圈圆点纹。鼓身纹饰冲英大小铜鼓相似，都是用竖条栉纹夹切线圆圈纹纹带和横条栉纹夹切线圆圈纹纹带来装饰。宜州良山冲鼓鼓胸使用栉纹夹双层圆圈点纹，而鼓腰上部则由横条栉纹构成一个空格，空格内用两个圆圈纹和垂直的栉纹夹双层圆圈点纹的纹带隔为三个小空格，腰下部与上部同。鼓足纹饰冲英大小铜鼓相似，都是圆圈纹和复线角形纹。宜州良山冲鼓则较复杂，共有三条晕圈，自上而下分别填以复线角形纹、圆心垂叶纹和复线角形纹。

整体看来，红水河流域的冷水冲型铜鼓基本为中晚期铜鼓，花纹看似复杂，其实较单一。青蛙装饰通体素面，类型也单一，冲英大小铜鼓鼓面无青蛙塑像。这些特征都同冷水冲型铜鼓的主要分布区邕江-郁江-浔江流域一样，呈现衰败的趋势。

第三章　西江流域各类型铜鼓综合研究

西江流域发现的铜鼓包括了所有八个类型，可以简略划分为粤式铜鼓和滇式铜鼓两个大类，以粤式铜鼓为主。粤式铜鼓和滇式铜鼓，蒋廷瑜先生也称之为粤桂铜鼓和滇桂铜鼓[①]。现对各个类型铜鼓的特点、族属及其与中原青铜文化的关系做一分析。

第一节　西江流域各类型铜鼓的特点

1. 粤式铜鼓与滇式铜鼓

铜鼓在云南中西部产生之后，逐渐向东传播，到了两广交界的云开大山区一带，受中原青铜文化的影响，产生了一种不同于之前的铜鼓新类型。这类铜鼓质地厚重，十分庞大，花纹以云雷纹、席纹、同心圆纹等几何图案为主，鼓面有数量不等的青蛙塑像，数量或四或六，造型或累蹲蛙，或单蛙。这些特征相比于发源于云南的铜鼓，具有很明显的不同。历史上古人也认识到此类铜鼓的独特性，故而将流传于两广地区的铜鼓讹称为"伏波鼓"，认为是马援所造。清人梁诗正、蒋溥所编《西清古鉴》中说："大抵两川所出为诸葛遗制，而流传于百粤群峒者，则皆伏波为之。"

近现代学者也对这一类铜鼓进行过分类，证明了这类铜鼓的确同其他类型的铜鼓不同，如黑格尔在其《东南亚古代金属鼓》一书的分类部分"基本型：Ⅱ型（HⅡ）"中写道："属于这一型类的鼓，差不多都是大型或特大型。"[②] 汪宁生在《试论中国古代铜鼓》一文中将这类铜鼓归为 D 类，并以灵山鼓作为标准器。洪声在《广西古代铜鼓研究》中将这类铜鼓归为甲型和乙型。

---

① 覃溥：《广西铜鼓精华》，北京：文物出版社，2017年，第5页。
② 〔奥地利〕弗朗茨·黑格尔：《东南亚古代金属鼓》，上海：上海古籍出版社，2004年，第13页。

因这一类铜鼓主要流行于岭南的两广交界地区，故现代学者将其称为粤式铜鼓，而将其余主要流行于云南地区的铜鼓类型称为滇式铜鼓。

蒋廷瑜先生认为，粤式铜鼓系由滇式铜鼓发展而来，是滇式铜鼓沿西江水系东下，在郁江（浔江）南岸与当地文化相融合的产物。正因为如此，粤式铜鼓一出现就硕大而成熟，不存在原始形态的初期阶段。但粤式铜鼓不是对滇式铜鼓的抄袭和照搬，而是在当地经济文化发展的基础上有所创新，使铜鼓铸造工艺发展更为充分，自成一个独立的体系①。

2. 滇式铜鼓的总体特征

滇式铜鼓主要包括万家坝型铜鼓、石寨山型铜鼓、冷水冲型铜鼓、遵义型铜鼓、麻江型铜鼓等五型铜鼓。

滇式铜鼓在古代学者著述中常被讹称为"诸葛鼓"，认为是三国诸葛亮征南蛮时所制，与"马援鼓"相对应。例如明代朱国桢《涌幢小品》一书中说："诸葛铜鼓皆奇文异状，雕螭刻虬，间缀虾蟆，其数皆四。"又如与朱国桢同时代的邝露在《赤雅》中提到："伏波铜鼓……高广倍之……制度同而小过半者，诸葛鼓也。"由此可以看出，古人对于这一类铜鼓的特征有所认识，有纹饰丰富多彩，鼓面有青蛙塑像，尺寸高低比"马援鼓"小等方面。

随着铜鼓的陆续出土和发现，近现代学者对于滇式铜鼓的研究有了广泛的材料基础。黑格尔的《东南亚古代金属鼓》一书中，除了基本型Ⅱ型（HⅡ）以外的三个基本型和三个过渡型都属于滇式铜鼓。汪宁生的《试论中国古代铜鼓》一文中的A、B、C、E、F五型铜鼓属于滇式铜鼓。洪声的《广西古代铜鼓研究》里的丙型、丁型铜鼓属于滇式铜鼓。

滇式铜鼓类型较多，各有特点，但是其中还是有一定的共性。例如除冷水冲型铜鼓以外，形体普遍较小，面径大多都在40～70厘米，高度大多都在20～50厘米。纹饰方面，除万家坝型仅见太阳纹以外，其余类型的铜鼓均纹饰丰富。许多纹饰，例如太阳纹、羽人纹、划船纹等特色纹饰都是首创并影响深远。立体纹饰如青蛙塑像等，仅出现于冷水冲型上。鼓耳均为扁耳或夹耳，仅部分冷水冲型铜鼓上出现在两对扁耳之间还铸有两只环耳的现象。

---

① 蒋廷瑜：《粤式铜鼓的初步研究》，《古代铜鼓学术讨论会论文集》，北京：文物出版社，1982年，第148页。

3. 粤式铜鼓的总体特征

粤式铜鼓主要包括三型铜鼓：北流型、灵山型和西盟型。

关于粤式铜鼓的总体特征，古代学者在文献中有些许记载，例如晋人裴渊《广州记》中说："俚僚铸铜为鼓，鼓唯高大为贵，面阔丈余。"唐代刘恂在其《岭表录异》中也记载到："僖宗朝，郑絪镇番禺日，有林蔼者，为高州太守。有乡野小儿，因牧牛，闻田中有蛤鸣，牧童遂捕之。蛤跃入一穴。遂掘土，深大，即蛮酋冢也。蛤乃无踪。穴中得一铜鼓，其色翠绿，土蚀数处损阙。其上隐起，多铸蛙黾之状，疑其鸣蛤，即鼓精也。"高州，即今天位于两广交界的广东省高州市。宋代周去非的《岭外代答》则对这一类铜鼓的外观描绘的十分详细："广西土中铜鼓，耕者屡得之。其制正圆，而平其面，曲其腰，状若烘篮，又类宣座，面有五蟾，分踞其上。蟾皆累蹲，一大一小相负也。周围款识，其圆纹为古钱，其方纹如织簟，或为人形，或如琰璧，或尖如浮图，如玉林，或斜如豕牙，如鹿耳，各以其环成章，合其众纹，大类细画圆阵之形。"从这些描述可以看出，粤式铜鼓身形十分高大，鼓面上有青蛙塑像，并且有累蹲蛙和单蛙之分。纹饰有钱纹、席纹、羽人纹等，并且纹饰组成了一圈圈的纹带，即大小不等的晕圈。

近现代学者关于粤式铜鼓的描述就比较详细了。例如黑格尔在《东南亚古代金属鼓》中写道："星体一般有八道芒，芒线纤细，鼓面边沿都有蛙饰，大多是六只，罕有四只的，且每只蛙背上又蹲有一只小蛙，这点与独特的Ⅲ型鼓颇为相近。……这些鼓，鼓面总是大于鼓身，鼓体外形简朴，没有大的起伏，但胸腰足三节还是相当分明的。它们的四足鼓耳，成对的分列两边，每边的两只鼓耳挨得很近。……此外，这类鼓的装饰纹样也很特别，纹饰图形异常精美，其图案化程度很高，几乎看不出来它们的原始形态是出自Ⅰ形鼓的，而且多是简洁的几何图案。一般鼓面晕圈为数不多，晕圈里交替出现两类图案，但与之相反，鼓体晕圈圈数很多，宽度相等，全部为窄晕圈。晕圈中一般重复装饰着简洁的图案。"[①]可以看到，黑格尔基本上已经总结出了粤式铜鼓的总体特征，但是由于他收集的此类型铜鼓数量并不多，所以这段总结还是有许多的不足之处。

蒋廷瑜先生在《粤式铜鼓的初步研究》中对粤式铜鼓的特征做了较为全面

---

① 〔奥〕弗朗茨·黑格尔：《东南亚古代金属鼓》，上海：上海古籍出版社，2004年，第13～14页。

的总结，主要论述如下。"粤式铜鼓鼓面平坦，广于鼓身，不少鼓面周边并不正圆，显示出铸模不十分规整，大部分有唇边下垂；鼓面中心的太阳纹较之鼓面稍凸起，如一圆饼，芒道以八芒居多，有的芒端开叉。这些特征在其他类型铜鼓上是见不到的。除了个别例外，鼓面都有立体蛙饰，一般以四只为主，也有六只的，晚期的还有大小相背负的累蹲蛙，往往沿着鼓边环踞，头向两两相对。鼓身分为三节，但不显著，腰足之间起一道突棱。胸腰之间有耳四只，两两相近为一组，除片耳之外，不少是环耳的；环耳也是粤式铜鼓所特有的。在花纹装饰方面，粤式铜鼓鼓面和鼓身的纹饰大体相同。普遍是用突起的弦纹分晕，每晕二道或三道，晕圈内密密麻麻布满精细的几何图案花纹，常见的纹饰是云纹、雷纹、席纹、钱纹，重复出现，在别的类型铜鼓上也是少见的。"①

通过以上学者的总结，基本勾画出了粤式铜鼓的总体特征。

4. 滇式铜鼓和粤式铜鼓的关系

通过以上部分对滇式铜鼓和粤式铜鼓的出现及各自总体特点的分析，我们可以试图总结一下二者之间的关系。在前文关于铜鼓在西江流域的传播路径一节中已经提到，石寨山型铜鼓在东传的过程中，于邕江流域衍生出了冷水冲型铜鼓，在云开大山区衍生出了北流型铜鼓和灵山型铜鼓。所以，讨论滇式铜鼓和粤式铜鼓的关系，主要就是讨论冷水冲型铜鼓和北流型铜鼓、灵山型铜鼓三者之间的关系。

在时间上，冷水冲型铜鼓和北流型铜鼓均肇始于西汉，北流型略早于冷水冲型，是较早在石寨山型铜鼓影响下产生的本地作品。北流型和冷水冲型铜鼓二者又由于地域上的相近，使它们之间在风格和形制相互吸收和借鉴。

首先，冷水冲型铜鼓受到北流型铜鼓的影响。环耳是北流型的一个基本特征，在冷水冲型铜鼓中，一部分铜鼓在其胸腰之间铸有环耳，这与其他冷水冲型铜鼓只有扁耳不同，应是受到了北流型的影响。在纹饰上，冷水冲型铜鼓上的水波纹、同心圆纹等也与北流型相同。郭立新先生在《论冷水冲型、北流型与灵山型铜鼓的关系》文中将冷水冲型铜鼓划分为红河型、邕江型、浔江型三个地方类型，他提出了浔江型是在北流型铜鼓的影响下产生的观点②。

---

① 蒋廷瑜：《粤式铜鼓的初步研究》，《古代铜鼓学术讨论会论文集》，北京：文物出版社，1982年，第139页。

② 郭立新：《论冷水冲型、北流型与灵山型铜鼓的关系》，《广西民族学院学报》（哲学社会科学版）1997年第3期。

其次，灵山型铜鼓是北流型铜鼓的延续，并且受到了冷水冲型铜鼓的影响。灵山型铜鼓约在东汉晚期形成，继承了北流型铜鼓的基本特点，例如形体高大，鼓面一律伸出鼓颈之外，胸腰分界不明显；太阳纹光芒细长，纹饰都采用了云纹、雷纹、钱纹、水波纹等几何图案。同时，灵山型又具有冷水冲型铜鼓的一些特点，例如灵山型铜鼓青蛙塑像大而生动，并且蛙背上刻有纹路装饰，与北流型铜鼓青蛙塑像小而呆板不同；灵山型铜鼓与冷水冲型铜鼓均使用扁耳，不见北流型铜鼓的环耳；纹饰上灵山型与冷水冲型铜鼓相似之处包括有席纹、同心圆纹、变形羽人纹、变形翔鹭纹等，羽人纹与翔鹭纹为滇式铜鼓主要采用的纹饰。

再次，灵山型铜鼓对北流型铜鼓的影响。我们在北流型铜鼓的发现与特点一节中可以看到，晚期北流型铜鼓上出现了一些灵山型铜鼓上的纹饰，如变形羽人纹、鸟纹、半圆纹、四瓣花纹等纹饰，这些证明了灵山型铜鼓在发展中反过来对北流型铜鼓的影响。

由此可见，冷水冲型铜鼓同北流型、灵山型铜鼓的关系是一个相互交融、相互借鉴的关系。滇式铜鼓衍生出了粤式铜鼓，而粤式铜鼓反过来又影响到了滇式铜鼓此后的发展。

第二节　西江流域各类型铜鼓的族属

确定各类铜鼓的族属是一个难题，但作为历史时期的文物，族属又属于一个不能不面对的问题。铜鼓族属的确定多从历史文献、民族学和民俗学入手，与历史上在各自地区活动的人群相对应。铜鼓本身的特征，特别是形制和纹饰，是与族属对应的具体依据。有的学者认为纹饰特别重要，纹饰是民族的标志，是所属考古学文化的标志[①]。

中国西南地区历来都是各少数民族的聚居地，关于这些民族，汉唐时期的中原王朝史书中，一般多是将滇桂地区的少数民族统称为百濮，将岭南地区的少数民族统称为百越。而具体的民族称呼则相对较乱，这与西南少数民族族名数量众多或经常改变有关。从万家坝型铜鼓诞生时期的春秋战国时期到唐代，西江流域范围内大致共经历了濮人、滇、骆越、僚人、西瓯、乌浒、俚人等数

---

① 〔越〕阮文好：《对 F. 黑格尔铜鼓分类法的几点认识——答复常怀颖博士的提问》，《中国古代铜鼓研究通讯》，2017年，第48～49页。

个民族。现对万家坝型、石寨山型、冷水冲型、北流型和灵山型铜鼓等五个铜鼓类型进行逐个分析。

1. 万家坝型铜鼓

万家坝型铜鼓的使用起于春秋中期，止于战国时期，主要分布在云南的楚雄、祥云、曲靖、广南、丘北，广西的田东等地区，所以万家坝型铜鼓的制造和使用者肯定是分布在这一带的族群。先秦时期，生活在这一地区的主要是濮人，《尚书·牧誓》一篇中提到，濮人曾随周武王伐纣，并言濮位于江汉之南。周朝建立后濮人活动地域遭到楚人不断侵蚀，被迫向西南退缩至滇黔桂一带活动。百濮是众多濮人部落的合称，他们在春秋战国时期建立了数个部落联盟的国家，如位于滇西的哀牢国，以今云南保山为中心，其范围大致东至洱海，西至中缅交界，南至云南南部，北至云南北部；位于滇中的古滇国，以滇池地区为中心；位于滇东南和桂西的句町国，以今广南县为中心，范围大致包括今天的云南文山州全部，红河州中东部，玉溪市，曲靖市，及广西百色市等地区。这些濮人部族政体统治的范围，大致同万家坝型铜鼓的分布范围相同。

从生产力发展程度上来看，云南地区大约在公元前19世纪进入到青铜时代，李昆声、陈果在其《中国云南与越南的青铜文明》一书中，将云南地区青铜时代划分为早、中、晚三期：早期从公元前19～前8世纪，中期从公元前8～前4世纪，晚期从公元前4～前1世纪。

在云南地区各时期青铜时代遗址中，出土了许多用于农业生产的工具，其中有一些遗址中农业生产工具与铜鼓伴出。如云南楚雄万家坝墓地，共出土了铜器1002件，其中生产工具有150件，器形有锄、斧、凿、锥等。此外，M1和M23中出土了5面万家坝型铜鼓。又如云南祥云大波那木椁铜棺墓，该墓规格高，规模大，棺椁俱在，体现出墓主人生前地位较高。墓中共发现万家坝型铜鼓1件，生产工具11件，器形有锄、锛、刀状器等。此外，该墓最有特色的是椁室由巨木搭建，铜棺是仿"干栏式"房屋，证明墓主人生前享有干栏式固定居所。其余遗址如楚雄大海波墓地、曲靖市八塔台遗址均出土了万家坝型铜鼓及各类农业生产工具。此外，在句町国统治区域内的云南广南、丘北两县，及广西田东等地，均发现了万家坝型晚期铜鼓。

濮人是定居于此的农业民族，所以这一地区出土的大量农业生产工具和各时期的万家坝型铜鼓的墓葬应该是濮人留下的。这些墓葬均属于云南地区青铜时代的中期，相当于中原地区的西周末期到战国前期，与万家坝型铜鼓的起止年代大致吻合。总而言之，在地域上、年代上，以及生产、生活方式和风俗习惯上可以看出，万家坝型铜鼓的生产和使用者应该是濮人。

2. 石寨山型铜鼓

石寨山型铜鼓起于战国时期，止于东汉初期，是万家坝型铜鼓的延续。其流传范围远超前者，以滇池地区为中心，西达云南西部的保山县一带，北达四川南部的会理县一带，东北至贵州西部的赫章县一带，向南到达中南半岛和马来半岛，向东到达右江流域，影响力一直到达广西东部。在这一范围内所居住的族群，应该属于石寨山型铜鼓的制造者和使用者。

首先，主要出土石寨山型铜鼓的晋宁县、江川县两地，都位于滇池附近。秦汉时期，居住于滇池附近的仍为滇人。《汉书·卷九十五·西南夷两粤朝鲜传第六十五》提到："南夷君长以十数，夜郎最大。其西，靡莫之属以十数，滇最大……耕田，有邑聚。"①《汉书》将滇人称为靡莫之属，而且提到他们是农耕族群。又《史记·卷一百一十六·西南夷列传第五十六》中提到汉武帝征讨滇国的史实："滇王者，其众数万人，其旁东北有劳浸、靡莫，皆同姓相扶……元封二年，天子发巴蜀兵击灭劳浸、靡莫，以兵临滇。"这些史料证明，滇、靡莫、劳浸等不同的称呼，应该都属于同一个大的族群，即百濮。冯汉骥先生在其《云南晋宁石寨山出土文物的族属问题初探》一文中通过对晋宁石寨山出土的铜俑及文物上镌刻的人物图像的服饰、发饰等特点的分析，也认为晋宁石寨山墓葬出土文物的族属应为滇族。此外，晋宁石寨山墓葬和江川李家山古墓群均出土了大量的农业生产工具，印证了滇人"耕田，有邑聚"的说法。

其次，在云南东部文山州的广南、富宁，及广西百色市的隆林、田东、西林等县，均出土了石寨山型铜鼓。这些地区，是秦汉时期句町国的统治区域。而句町国同滇国一样，属濮人所建立的政权。另外广西西林普驮铜鼓墓葬的出土遗物也可以佐证这一观点。如出土了装饰有羽人划船纹、翔鹭纹、舞人纹，及各种几何纹饰的铜鼓，玉管及玛瑙制作的扣、串饰等装饰品，这些与晋宁石寨山墓葬遗址和江川李家山古墓群遗址战国晚期至西汉前期出土的遗物有相似之处，也可印证西林普陀铜鼓墓葬的主人应属于濮人的分支。

最后，在广西贵县（今贵港市）贵县高中墓地出土石寨山型铜鼓1面，罗泊湾汉墓出土2面，年代均为西汉晚期。贵港地处广西南部，属郁江流域，在

---

① （东汉）班固：《汉书》，北京：中华书局，1962年，第3837页。

这里出土石寨山型铜鼓,或与史籍上记载的骆越人有关。《中国古代铜鼓》所载明代欧大任的《百越先贤志·序》中提到:"译吁宋旧壤湘漓而南,故西越也;牂牁西下,邕(今南宁)、雍(今龙州、崇左一带)、绥(今宾阳)、建(今贵港),故骆越也。"①《后汉书·卷二十四·马援列传第十四》中说:"于是玺书拜援伏波将军……南击交趾……援奏言西于县户有三万二千……请分为封溪、望海二县,许之……与越人申明旧制以约束之,自后骆越奉行马将军故事。"②西于县、封溪、望海都属于汉代交趾郡,交趾郡相当于今天越南北部红河流域。综上所述,骆越人活动的区域包括今天的广西南部、西南部左江-邕江-郁江流域,及越南北部的红河流域。关于骆越人与濮人的关系,一些学者提出了自己的看法,如谢崇安所著《壮侗语族先民青铜文化艺术研究》一书中引用了李龙章先生的观点:"李龙章总结前人的观点认为,西瓯越人分布在桂东,而雒越分布在其西南。而且,雒越不属于百越族群,应与滇族一样同属于百濮族群。"③又如姚舜安在《中国南方古代早期铜鼓的族属》一文中提到:"属于'石寨山式'的'西林鼓'、'江川鼓'、'可乐鼓'、'罗泊湾鼓'等,他们的主人都是濮人。"④另外一种说法则是主张骆越族是百越族群的分支,如刘伟铿《古代西江俚僚概说》一文:"周显王三十五年(公元前334年)楚灭越,越王子孙散落岭南各地,征服各小国,分别建立起以'越'为中心词素的国家。越王旁系子孙在西瓯、骆故地建西瓯越、骆越。"⑤总之,骆越族是石寨山型铜鼓、越南北部东山铜鼓的使用者之一是确定无疑的,但在骆越一族属于"百濮"民族还是"百越"民族上,学术界争议较大,至今尚无定论。

3. 冷水冲型铜鼓

冷水冲型铜鼓起于西汉中期,止于唐代,是由石寨山型铜鼓发展而来的。冷水冲型铜鼓分布范围十分广泛,北达四川阆中,西达滇池以东,南达桂西南的左江上游地区,东达浔江流域的藤县。西江流域内的冷水冲型铜鼓则主要分布于邕江-郁江-浔江及红水河流域,而冷水冲型铜鼓的制造和使用者应该是

---

① 中国古代铜鼓研究会:《中国古代铜鼓》,北京:文物出版社,1988年,第128页。
② (南朝·宋)范晔:《后汉书》,北京:中华书局,1962年,第839页。
③ 谢崇安:《壮侗语族先民青铜文化艺术研究》,北京:民族出版社,2007年,第101页。
④ 姚舜安:《中国南方古代早期铜鼓的族属》,《广西民族学院学报》1980年第2期,第8页。
⑤ 刘伟铿:《古代西江俚僚概说》,《民族研究》1993年第5期,第56页。

分布于这一带的族群。

首先，从分布地域上看。根据冷水冲型铜鼓的分布范围，其早期铜鼓的创造者和使用者是骆越人，东汉以后的使用者为僚人。两汉之间，冷水冲型铜鼓的分布区域主要是骆越人的势力范围。东汉以后，骆越人的称呼多不见于史籍，取而代之的是一个被称为"僚"的族群。僚人的活动范围如晋人郭义恭《广志》记载："獠在牂牁、兴古、郁林、苍梧、交趾。"这相当于今天的牂牁江-北盘江流域、贵州西南部、广西大部及越南北部地区。

其次，从时间上看。刘伟铿《古代西江俚僚概说》称俚僚一族形成于汉末晋初，而僚这个称谓最早也是见于晋人张华所著的《博物志》中："荆州极西南界至蜀，诸民曰獠子。""獠子"即僚人。俚僚合称也是古已有之，如《广州记》"俚僚铸铜为鼓"、《南齐书·州郡志》"俚僚猥杂"等。有唐一代，俚僚的首领曾数次造反，在唐代后期终于为唐所灭，就此俚僚一族彻底瓦解，剩下的族人或融入汉族，或成为黎族先民，或成为壮族先民。

由此可见，僚族出现于汉末晋初，而瓦解于唐代晚期，其分布地域与冷水冲型铜鼓的分布地域大致相同，所以僚族应该就是继骆越族以后，于两晋、南北朝、隋唐时期使用冷水冲型铜鼓的民族。

4. 北流型和灵山型铜鼓

北流型铜鼓同样是由石寨山型铜鼓发展而来，兴起于西汉中期，衰落于南北朝末期，其分布范围主要为两广交界之云开大山区。灵山型铜鼓起于东汉晚期，止于中唐时期，是由北流型铜鼓衍生而来，其分布范围同北流型铜鼓大致相同，但略有扩张，向西到达桂西南，向北到达郁江以北，与冷水冲型铜鼓的分布范围有交错重叠之处。北流型、灵山型铜鼓的制造和使用者应该就是分布于这一地区的族群。

首先，从分布地域上看，西汉中期盘踞于两广交界之云开大山区两侧的应该是西瓯人。《汉书·卷九十五·西南夷两粤朝鲜传第六十五》所载南粤王写给汉帝的书信中提到："且南方卑湿，蛮夷中西有西瓯，其众半羸，南面称王。"[①]又有唐李吉甫《元和郡县图志·卷第三十八·岭南道五》："贵州……本西瓯骆越之地。"[②]贵州即今贵港、桂平之间。现代学者如李龙章、刘伟铿等人均认为西

---

① （东汉）班固：《汉书》，北京：中华书局，1962年，第3851页。
② （唐）李吉甫：《元和郡县图志》，北京：中华书局，1983年，第947页。

瓯人主要活动于桂东、粤西的云开大山区一带。所以早期和中期北流型铜鼓的制造和使用者是西瓯人。东汉时期，西瓯这一称呼逐渐消失，乌浒开始出现于史籍。三国万震《南州异物志》载："交、广之界，民曰乌浒。东界在广州之南，交州之北，恒出道间，伺候二州行旅……出得人，归家合聚邻里，悬死人当中，四面向坐，击铜鼓，歌舞饮酒，稍就割食之。"根据谭其骧先生主编《中国历史地图集》上的政区图，西晋沿用三国吴的建制，故交州治所设于龙编，辖合浦、交趾、新昌、武平、九真、九德、日南七郡，即今天的越南北部和环北部湾地区。广州治所设于番禺，辖南海、临贺、始安、始兴、苍梧、郁林、桂林、高凉、高兴、宁浦十郡，即今天的广西大部、粤中、粤西等地区。由此看来，交广二州的东界地区就是今天的云开大山区和郁江一带，这里正是粤式铜鼓的分布区域。

其次，从时间上看。乌浒人的活跃年代主要是东汉时期，除了上文提到的《南州异物志》一书以外，还有《后汉书·卷第八十六·南蛮西南夷列传第七十六》提到："礼记称'南方曰蛮，雕题交趾'。其俗男女同川而浴，故曰交趾。其西有噉人国，生首子辄解而食之，谓之宜弟。味旨，则以遗其君，君喜而赏其父。取妻美，则让其兄。今乌浒人是也。"[1] 从《南州异物志》的文字中也可以看出乌浒人有使用铜鼓的习俗。由此可见，乌浒人应该也是北流型和灵山型铜鼓的制造和使用者之一。

再次，除了乌浒人之外，与乌浒人同时存在的俚人应该也是北流型和灵山型铜鼓的使用者。《南州异物志》在介绍乌浒的同时也提到了俚人，如"广州南有贼曰俚。此贼在广州之南苍梧、郁林、合浦、宁浦、高凉五郡中央，地方数千里。"这五郡大约是今天的广西大部和广东西部地区，与乌浒人的分布区域大致相同。从东汉末年开始，朝廷依靠一些土著大姓来维持在岭南的统治，称为"渠帅"，这些渠帅或为当地蛮族酋长，或为南迁而来的大族汉人，而这些汉族均被俚僚所夷化。西晋以后，这些俚人渠帅经常反叛中央朝廷，一直活跃至唐代晚期。如梁朝时兰钦命部将欧阳頠打败并擒获俚帅陈文彻兄弟，并将所获大铜鼓献于梁武帝。陈武帝陈霸先起事主要就是依靠西江流域的几个渠帅，陈氏、宁氏、冯氏等。其后隋唐之间，陈、宁、冯几个大姓互相攻伐，削弱了彼此的实力。唐代后期中央朝廷才终将岭南渠帅剿灭。所以，俚人的活动时间从东汉至唐晚期，与北流型和灵山型铜鼓使用时间相当。此外，俚人和乌浒的分布地

---

[1] （南朝·宋）范晔：《后汉书》，北京：中华书局，1962年，第2834页。

域相同,活动时间相同,应该是同一个族群的不同称谓。

从纹饰来看,北流型铜鼓与灵山型铜鼓上的连钱纹、席纹、水波纹等与黎族妇女纹面的小花纹形状相近,说明了黎族先民俚人是北流型和灵山型铜鼓的主人。当然俚人也受到汉文化的强烈影响,鼓上大量铸印钱纹就是证明。

由此观之,早期、中期北流型铜鼓的创造和使用者应该是西瓯人,其后在东汉时期西瓯人演化为俚人和乌浒人,而他们就是晚期北流型铜鼓和灵山型铜鼓的创造和使用者。两晋至隋是俚人铸造铜鼓的鼎盛时期。到了唐代,在岭南设五管经略使,"穿山为城,威服俚僚"(《太平寰宇记·岭南道》记载),进行直接统治。容管治所正设在北流型铜鼓分布地的中心。随着中央集权的加强,地方势力丧失了区域统治权,铜鼓也随之失去了原来作为部落首领权威象征的地位,逐步走向衰落。但铜鼓习俗并没有完全消失,而是作为民族文化继续保留下来,岭南壮族和海南岛黎族均为俚人后裔,他们的铜鼓文化在历史上是一脉相承的。

第三节 中原文化对西江流域铜鼓文化的影响

铜鼓是青铜铸造的艺术品,铜鼓文化的成长发展可以说与青铜文化的发展密不可分。中国的青铜文化发源于黄河中游地区,距今 4200～3900 年的齐家文化中就已经发现了用铜制作的工具,有红铜和青铜两类。河南洛阳二里头夏文化遗址中出土了大量青铜礼器和青铜工具,还发现了大型的青铜冶铸作坊。华南地区的青铜文化则晚于中原地区。云南剑川海门口遗址出土的铜器,通过对金属成分和金相分析可以判断已经是青铜合金,而剑川海门口遗址的年代通过碳十四测定及其与周边遗址、器物比对可以得出其第一期为新石器时代,第二期为青铜时代早期,年代上限为公元前 19 世纪,相当于中原地区的夏代中后期。春秋战国时期西南地区和中原地区的交流愈加频繁,西南地区的墓葬中出现了中原地区的青铜器物,如云南楚雄万家坝墓葬遗址出土了中原文化的编钟,以及以銎受柲的戈和无胡戈,也是殷代中原地区所常见,阔刃细骹的矛,见于中原西周末和春秋初期的墓葬。雷纹也是商周青铜器的主要纹饰[1]。

西江流域铜鼓的诞生得益于西南地区逐渐发展的青铜冶铸技艺,同时自春秋战国之后传入的中原青铜文化也开始影响到铜鼓的发展,这种影响主要体现

---

① 云南省文物工作队:《楚雄万家坝古墓群发掘报告》,《考古学报》1983 年第 3 期,第 378 页。

第三章 西江流域各类型铜鼓综合研究

在两汉之后的铜鼓上。首先是两汉时期开始的冷水冲型、北流型和灵山型三型铜鼓，均是形体高大，"俚僚铸铜为鼓，鼓唯高大为贵，面阔丈余。""自岭南二十余郡……诸蛮皆然，并铸铜为大鼓。"铜鼓在汉代岭南已经作为礼器和权力的象征来使用。我们都知道在中原地区的青铜时代也曾流行"唯大以贵"的观念，如河南新郑李家楼郑公大墓出土的莲鹤（立鹤）方壶，诞生于春秋中期，共2件，故宫博物院收藏的立鹤方壶高125.7厘米，重64.28千克，河南博物院收藏的莲鹤方壶高126.5厘米，亦重64.28千克（图一六）。再如河南安阳殷墟出土的后母戊大方鼎诞生于商代，总高133厘米，口长112厘米、宽79.2厘米，壁厚6厘米，重达832.84千克，形体巨大，是商代青铜工艺的巅峰之作（图一七）。由此可见，秦汉之后由于秦设三郡、南越国的建立以及汉武帝征西南夷等中原王朝势力南下的重大历史事件，促进了汉文化在岭南地区的传播，于是这种"唯大以贵"的观念也随着汉文化影响到了岭南地区。

图一六　莲鹤方壶（河南博物院藏）　　图一七　后母戊大方鼎（中国国家博物馆藏）

其次，铜鼓在纹饰上也广泛吸收了中原汉文化的元素。如北流型和灵山型铜鼓上广泛使用的云雷纹，是中原青铜器上普遍装饰的纹饰。五铢钱和四出五铢钱都是中原王朝曾使用的货币，也印在了北流型和灵山型铜鼓上。此外，发源于贵州、后广泛流传于西江流域的麻江型铜鼓上使用了大量汉元素及道教纹饰，如符箓纹、十二生肖纹、八卦纹、双龙纹、桃符纹、缠枝纹以及各种如"福寿""大吉利""福如东海，寿比南山""永世家财""万代进宝"等吉祥短语。

再次，中原历代王朝曾多次对岭南用兵，许多汉族将领都缴获了铜鼓，加之岭南部族及西南番邦对中原王朝进贡时也多携带铜鼓，这就使中原地区的人们对铜鼓有了许多了解。如前文提到的梁朝兰钦部将欧阳頠征讨渠帅陈文彻并缴获大铜鼓献于梁武帝；唐德宗贞元年间，骠国进乐有玉螺、铜鼓；唐懿宗咸通年间，龚州刺史张直方掘土得一铜鼓，回京师途中将其舍弃在了湖北地区的延庆禅院等。此外，唐代诗风兴盛，不少诗人写过关于铜鼓的诗词，并影响到了后代。如唐代温庭筠《河渎神词》："铜鼓赛神来，满庭幡盖徘徊。"李贺《黄家洞》："黑幡三点铜鼓鸣，高作猿啼摇箭箙。"白居易《送客春游岭南二十韵》："牙樯迎海舶，铜鼓赛江神。"明代张昱《辇下曲》："驼装序入日精门，铜鼓牙旗作队喧。"曾才鲁《郁林八景总题》："山隐石钟千古迹，水浮铜鼓一潭清。"解缙《龙州诗》："波罗蜜树满城闇，铜鼓声喧夜赛神。"清代朱彝尊《送少詹王先生（士祯）代祀南海兼怀》："木棉阴浓画壁冷，铜鼓雨渍苔花斑。"傅辉文《铜鼓滩》："当年汉将遗征鼓，此日孤城傍斗牛。"历代关于铜鼓的诗词不断。

第四章　西江流域与周边地区铜鼓文化的关系

以粤式铜鼓为主的西江流域铜鼓文化，与周边地区的铜鼓文化存在密切的文化交流关系。有些类型实际上是受到了周边地区的影响而产生，而西江流域的铜鼓文化对于周边地区也有强大的影响，形成了复杂的文化交流关系。

第一节　与贵州地区的关系

1. 贵州地区的铜鼓类型与特点

在铜鼓的分布区域中，贵州是其中一个重要地区。八个铜鼓类型中的两个类型的标准器位于贵州地区，这二者分别是遵义型和麻江型铜鼓。

（1）遵义型铜鼓

遵义型铜鼓以贵州省遵义市南宋播州土司杨粲夫妇合葬墓出土的两面铜鼓为标准器，其起止年代上限到唐代，下限至多到南宋晚期（图一八）。遵义型铜鼓发现数量不多，有确定出土点的出土品较少，分布范围大致以贵州为中心，广西桂平、邕宁、那坡、河池，滇东南、滇北、川南都有分布（表八）。目前中国收藏的遵义型铜鼓为三十面左右，划分为早、中、晚三个阶段。现对部分特征较明显的遵义型铜鼓进行简要分析。

图一八　广西民族博物馆收藏遵义型铜鼓，编号族鼓 0155 号

表八　遵义型铜鼓统计表

编号	出土或收集地点	分期
169-2 号鼓	中山大学收集	早期
下寨鼓	云南省富宁县龙迈下寨发现	早期
阆 14 号鼓	四川省阆中市城郊出土	早期
桂平 11 号鼓	广西桂平县出土	早期
城寨 1 号鼓	云南文山州麻栗坡县新寨乡城寨村发现	早期
10756 号鼓	贵州省安龙县龙山区发现	中期
杨粲墓鼓（B1·47·26）	贵州省遵义市出土	中期
杨粲妻墓鼓（B1：47：27）	贵州省遵义市出土	中期
丁 15 号鼓	云南省昭通县出土	中期
8276 号鼓	贵州省遵义市马家湾出土	中期
10837 号鼓	贵州省长顺县摆所收集	晚期
295 号鼓	广西北流市收集	晚期
龙能老寨 1 号鼓	云南文山富宁县里达镇龙能老寨发现	晚期
拉牙 2 号鼓	广西大化瑶族自治县板升乡弄雷村拉牙屯发现	晚期
东兰县廷锐 1 号鼓	广西东兰县大同乡和龙村廷锐屯发现	晚期

遵义型铜鼓普遍较矮，高度在 28～35 厘米，面径、胸径、足径大致相同。鼓面稍稍出沿，鼓胸突出。胸腰之间有大跨度扁耳两对，胸腰无明显分界线，腰部收束弧度较大。鼓腰鼓足之间用一道凸棱作为分界，但前期、中期鼓足高度较低，后期较高。

遵义型铜鼓鼓面基本无蛙，极少数鼓面有蛙或蛙趾纹，如 169-2 号鼓和桂平 11 号鼓。平面纹饰一般有以下主题。鼓面中心的太阳纹，光芒均为十二芒。光芒间部分填以复线翎眼纹、翎眼纹、坠形纹等，部分芒间无纹饰。光芒外环绕着宽窄不等的晕圈，多为一弦或二弦分晕。早期晕圈之内的纹饰填有变形翔鹭纹、变形羽人纹和变形鸟纹，中后期消失。除此之外，早期的纹饰还有栉纹、复线交叉纹、同心圆纹、复线顶角纹、定胜纹、兽形纹、心形纹、符箓纹、琵琶形纹等。部分中期遵义型铜鼓通体仅有晕圈和晕弦，均无其他纹饰，如 10756 号鼓、B1：47：27 号鼓。其余中期遵义型铜鼓的纹饰有栉纹、倒 S 形纹、同心圆纹、复线角形纹、游旗纹、树叶纹、十二生肖纹、羽纹、雷纹、乳钉纹、辫纹、锯齿纹等。晚期遵义型铜鼓纹饰与中期相似，主要有云纹、雷纹、乳钉纹、栉纹、家禽家畜纹、如意云纹、兽形云纹、复线角形纹、同心圆纹、人字足游旗纹、羽纹、酉字纹等。

（2）麻江型铜鼓

麻江型铜鼓以贵州省麻江县谷硐火车站宋代古墓出土的铜鼓为标准器，其起止年代上迄南宋，下至清末。直到今天，滇、黔、桂等地区的少数民族还在使用（图一九）。麻江型铜鼓是八个铜鼓类型中使用年代最晚的一个，也是发现数量最多的一个，传世品极多，迄今为止共发现九百多面（表九）。其分布范围极为广泛，以贵州省为中心，广西河池、百色、三江、龙胜、罗城等桂西、桂北地区，云南楚雄、昭通、文山、广南、富宁等滇中、滇东南、滇东北地区，四川会理、凉山、会东、高县等川南、川东南地区，湖南凤凰、麻阳、新晃等湘西地区皆见，除此之外海南岛也有分布。由此可以发现，麻江型铜鼓的主要分布地区是贵州省及黔滇、黔桂、黔川、黔湘的交界地区。麻江型铜鼓可以划分为早中晚三期，现对其中一些特征较明显者进行简述和分析。

图一九　广西民族博物馆藏麻江型铜鼓，编号族鼓 0015 号

表九　麻江型铜鼓统计表

编号	出土或收集地点	分期
B1·2198 号鼓	贵州省麻江县谷硐火车站出土	早期
梅县鼓	原广东省梅县文化馆藏	早期
粤 16 号鼓	广东省文物管理委员会存	早期
229 号鼓	广西容县收集	早期
02 号鼓	广西南宁市收集	早期
11222 号鼓	贵州省都匀市收集	早期

续表

编号	出土或收集地点	分期
10841 号鼓	贵州省长顺县采集	早期
罗城仫佬族博物馆鼓	广西罗城县龙岸镇大蒙村征集	早期
65 号鼓	广西都安县收集	中期
6244 号鼓	贵州省从江县收集	中期
粤 164 号鼓	广东省佛山市博物馆存	中期
213 号鼓	广西柳州市收集	中期
211 号鼓	广西博物馆收集	中期
10840 号鼓	贵州省长顺县收集	中期
粤 174 号鼓	原广东省顺德县文化馆收集	中期
粤 171 号鼓	广东省佛山市南海区九江镇出土	中期
B1·1925 号鼓	贵州省兴义市收集	晚期
10746 号鼓	贵州省兴义市收集	晚期
粤 34 号鼓	广东省文物管理委员会存	晚期
11002 号鼓	四川省博物馆藏	晚期
粤 51 号鼓	广东省文物管理委员会存	晚期
丁式 6 号鼓	云南省昭通市收集	晚期
丁式 3 号鼓	云南省昆明市收集	晚期
丁式 10 号鼓	云南省昆明市收集	晚期
西林 7 号鼓	广西西林县马蚌收集	晚期
10748 号鼓	贵州省望谟县收集	晚期
8483 号鼓	重庆市博物馆存	晚期
216 号鼓	广西南宁市收集	晚期
267 号鼓	广西区博物馆存	晚期
63 号鼓	广西河池市收集	晚期
64 号鼓	广西河池市收集	晚期
52 号鼓	广西南宁市收集	晚期
50：240 号鼓	四川省成都市收集	晚期
10959 号鼓	贵州省贵阳市收集	晚期
304 号鼓	广西柳州收购站收集	晚期
4107 号鼓	四川省博物馆存	晚期
乾隆四十年鼓	广西东兰县巴畴乡巴畴村征集	晚期

麻江型铜鼓一律扁矮，形体小，高度均在25～30厘米。鼓面伸出鼓颈之外，但是小于鼓胸，面径均在50厘米左右，极个别低于40厘米，如丁式10号鼓，其面径为36.2厘米。鼓胸凸出，胸腰之间有大跨度扁耳两对，两者之间并无明显分界线，过渡平缓。腰足之间以一道凸棱作为分界，凸棱较高，接近鼓腰中部。

麻江型铜鼓无论早、中、晚期，鼓面均无立体装饰塑像。作为时代最晚的铜鼓，麻江型铜鼓的平面纹饰表现出了成熟复杂的特点。早期麻江型铜鼓鼓面中心使用太阳纹，十二芒，芒间填以翎眼纹或简体翎眼纹，晕圈一般采用一弦分晕，主晕填以十二生肖纹、大游旗纹或燕尾游旗纹、符箓纹等。主晕外还有同心圆纹、羽纹、栉纹、花云纹、兽形云纹、梅花纹、辫纹、酉字纹等纹饰，并且早期鼓面一般装饰两圈乳钉纹。早期鼓身纹饰分为胸、腰、足三段，使用乳钉纹、栉纹、如意云纹、雷纹、云纹、同心圆纹、梅花纹、S形纹、游旗纹、方格纹、定胜纹、复线角形纹等。中期麻江型铜鼓又分为两式，Ⅰ式鼓鼓面中心使用的太阳纹光芒粗短，十二芒，芒间填以简体翎眼纹或坠形纹，晕圈一般为一弦分晕，主晕填以人字足游旗纹、长条游旗纹、桃符纹等。主晕外还有同心圆纹、乳钉纹、栉纹、如意云纹等。鼓身纹饰继承早期分为三段，个别为两段，使用乳钉纹、弦纹、雷纹、云纹、同心圆纹、贝纹等纹饰。Ⅱ式鼓鼓面太阳纹光芒细长，十二芒，芒间填以复线翎眼纹，晕圈一般为一弦分晕，主晕填以十二生肖纹或十二生肖纹加游旗纹、八卦纹。主晕外还有酉字纹、S形纹、乳钉纹、栉纹、兽形云纹等。鼓身纹饰均为两段，上段多为乳钉纹、如意云纹、雷纹、栉纹等。下段多为雷纹、兽形云纹、复线角形纹等。中期麻江型部分铜鼓上还铸有"天元孔明""进宝""福寿"等吉祥词语。晚期麻江型铜鼓鼓面太阳纹光芒细长，十二芒，芒间填以三角图案、简体翎眼纹及复线翎眼纹，最大的特点是鼓面使用三圈乳钉装饰。晕圈一般为一弦分晕，也有二弦、三弦。主晕填以十二生肖纹、短游旗纹、双龙献寿纹、棂花纹、"寿"字纹、六畜等纹饰。其中许多还铸有铸造年代，如"万历元年孔明置造""康熙三十一年岁在壬戌孟春造铸""道光八年建立"等。还有许多铸有吉祥词语，如"福如东海，寿比南山""永世家财""万代进宝""大吉"等。

麻江型铜鼓在明清时期大量铸造，流传下来的典型器有明代的"天元孔明"鼓，清代成批的"道光"年款鼓。"天元孔明"鼓原在都安瑶族自治县民间。饰"酉"字纹、花朵纹、乳钉纹、带圈乳钉纹、羽纹，边有"坎卦"纹4处，主晕铸汉字铭文，小字为"天元孔明"，大字为"寿福进宝"，二者互相间隔，其间还有一个大大的"寿"字。"道光"年款铜鼓分别铸印"道光二年""道光四年""道光五年""道光六年""道光七年""道光八年"的戳印,同时铸印"万代进宝""永世家财""福如东海""寿比南山"的吉祥语铭文条章。①

麻江型铜鼓是广西西部红水河流域特别是河池一带最为流行的铜鼓,也是今天传世数量最多的铜鼓,不但各地博物馆有不少收藏,民间也大量存在并使用。民间的铜鼓制造厂生产的铜鼓,也多为麻江型。

2. 西江流域与贵州地区铜鼓文化的关系

贵州苗岭以南的地区属于西江流域范围,其中汇入西江的河流有北盘江、红水河、都柳江等,南盘江则为黔桂两省的分界线。虽然贵州南部属于西江流域范围,但在铜鼓的使用上,整个贵州还是流行以遵义型和麻江型铜鼓为代表的本地铜鼓文化。关于西江流域铜鼓文化同贵州地区铜鼓文化的关系,应从两个方面讨论。

首先,在铜鼓的风格上。贵州地区的铜鼓继承了早期铜鼓也是"滇式铜鼓"扁矮的风格,装饰上鼓面无蛙饰,均使用扁耳,这些都与高大并且带青蛙塑像和环耳的"粤式铜鼓"不同。所以在铜鼓的整体风格上,遵义型、麻江型铜鼓和万家坝型、石寨山型、冷水冲型铜鼓是相似的。

其次,在铜鼓的族属上,贵州地区铜鼓文化的创造者与西江流域铜鼓文化的创造者一脉相承。铜鼓发源于云南中西部,之后随着百濮族群的移动而广泛传播,在后继者骆越人、僚人、乌浒人、俚人的发展下形成了整个西江流域铜鼓的序列。而在贵州地区,早期石寨山型铜鼓曾流行于贵州西部的赫章一带,与滇桂地区石寨山型铜鼓的制造和使用者一样都属于濮人。到了唐代,东谢蛮、西赵蛮、守宫僚、南平僚、牂牁蛮、两广侗僚等皆为僚属,僚人的活动范围北界已经到达贵州、四川一带,东联荆楚。所以唐代产生的遵义型铜鼓,其制作和使用者应该是同东汉以后的冷水冲型铜鼓一样,都是僚人。到了麻江型铜鼓流行的宋元明清时期,僚人等蛮族已经演变为数个早期现代民族,这些民族均继承了先民们的习惯,继续使用铜鼓,在贵州地区如壮族、布依族、侗族、水族、苗族、仡佬族等。所以,在铜鼓的族属上,贵州地区和西江流域地区是一脉相承、同气连枝的。

由此可以看出,无论是整体风格还是使用民族,贵州地区和西江流域地区

---

① 蒋廷瑜:《广西古代铜鼓》,《中国文化遗产》2008年第5期,第40~45页。

的铜鼓文化都是密切相关的。

第二节 与越南北部地区的关系

1. 越南北部地区的铜鼓类型与特点

越南与中国地缘上相邻，是一衣带水的邻邦。自古以来，越南北部地区与中国的交流都十分密切。自公元前3世纪，秦始皇征伐百越建立象郡开始，越南北部地区属于中国各王朝统治的时间长达一千年，这一段历史被越南学者称为"北属时期"。越南北部红河流域大约在距今3400年的时候进入了青铜时代初期，以冯原文化晚期为代表。与冯原文化晚期同时，马江流域的华禄文化也进入了青铜时代初期。到了青铜时代中期，红河流域相继出现了桐荳文化和椚丘文化。到了椚丘文化，铜器中铜、锡所占比例十分稳定，证明红河流域的居民已经十分熟练地掌握了青铜冶炼技术。铜器器形也十分丰富，有斧、矛、箭镞等兵器，鱼钩、锥、锤、镰刀等生活生产工具，手镯、扣针、戒指等装饰品。在华禄文化之后，马江流域的青铜时代中期遗址有葵渚遗址和同暗遗址。

到了青铜时代晚期至铁器时代早期，越南中北部义安省以北至中越边境地区的这一广袤地带出现了东山文化。东山文化十分发达，遗址数量众多。越南考古学家将其分为三个类型：红河类型、马江类型、嘎江类型。根据对东山文化一些遗址出土遗物的碳十四测定，越南学者将东山文化的起止年代定为公元前8～公元2世纪，相当于中国古代的春秋至东汉时期。东山文化的典型器物之一就是铜鼓，在许多遗址中都有发现。越南学者按照黑格尔的铜鼓分类法，将其归类为黑格尔Ⅰ型铜鼓，并认为该型铜鼓就是诞生于东山文化，于是干脆又将其称为"东山铜鼓"。继黑格尔Ⅰ型铜鼓之后，越南地区还陆续发现了黑格尔Ⅱ、Ⅲ、Ⅳ型铜鼓。近几年出版的由广西壮族自治区博物馆、广西文物考古研究所和越南国家历史博物馆共同编著的《越南铜鼓》一书，便将收录的126面越南铜鼓分为黑格尔Ⅰ、Ⅱ、Ⅲ、Ⅳ和异型鼓等五类。虽然在越南发现了几类铜鼓，但是历年来，越南国内学者和中国以及西方学者对越南铜鼓研究的主要着眼点还是东山铜鼓，东山铜鼓与中国古代铜鼓的渊源也最深，所以本节对越南铜鼓的讨论亦主要集中于东山铜鼓。

据越南学者统计，至今共发现东山铜鼓250多面和明器鼓100多面。越南考古研究院于1990年出版的《越南的东山鼓》（范辉通院士主编，范明玄教授、阮文好教授、赖文道博士联合编撰）一书将东山铜鼓划分为 A、B、C、D、E 五个类型二十二式，这一分法是目前越南最具权威的一种分类方法。此后越南黄春征教授在 2001 年发表的《东山铜鼓的类型》一文中，将东山铜鼓分成四型四式，这一分法也是继越南考古研究院的五型二十二式分法之后较为著名和详细的分类法。

表一○　越南东山铜鼓与中国古代铜鼓分类法对照表

中国古代铜鼓研究会	越南考古研究院	越南黄春征
1988 年	1990 年	2001 年
万家坝型	东山铜鼓 D 型	东山铜鼓第四类型
石寨山型	东山铜鼓 A 型	东山铜鼓第一类型
石寨山型	东山铜鼓 B 型	东山铜鼓第二类型
冷水冲型	东山铜鼓 C 型	东山铜鼓第三类型
遵义型	东山铜鼓 E 型	
麻江型		
北流型		
灵山型		
西盟型		

注：该表参考李昆声、陈果著《中国云南与越南的青铜文明》一书绘制。

从表一○可以看出越南考古研究院的分类法与黄春征的基本对应，关于越南考古研究院和黄春征教授所划分的东山铜鼓 D 型及东山铜鼓第四类型与其他类型的关系，与我国所分万家坝型铜鼓与其余类型的先后顺序不同，D 型处于 A、B、C 型之后，或一、二、三类型之后。关于此，黄春征教授说："大部分我国学者认为从第一类型到第三类型铜鼓是我国东山铜鼓时代的先后排列顺序。关于第四类型铜鼓，因为到现在还没有发现可靠年代，所以我国学者的意见还不完全统一。有的认为它们是最晚的东山铜鼓类型，属于东山铜鼓的衰落阶段，有的认为它们是东山铜鼓的最早类型，是东山铜鼓的初始型鼓。"[①] 在 D 型或第四类型的问题上，由于 D 型鼓发现较少，仅有松林 I 号鼓、II 号鼓、上农鼓、LCX I、LCX II、绍运鼓、永绥鼓、茂东鼓等，这八件 D 型鼓均为耕地或基建出土，不是科学发掘品，无明确年代的伴出物，亦无碳十四测年数据，加

---

① 李昆声、黄德荣：《中国与东南亚的古代铜鼓》，昆明：云南美术出版社，2008 年，第 239 页。

之数量少，关于其年代越南学术界争议很大。所以一部分越南学者根据其纹饰古朴简单、器形原始、铸造粗糙断定 D 型鼓应是 A、B、C 型铜鼓繁荣之后的衰败品，另一部分则认为 D 型鼓是较原始的类型。

我们可以看出，在东山铜鼓各类型的先后顺序上，A 型→B 型→C 型或第一类型→第二类型→第三类型的发展顺序是没有问题的，所以关于越南铜鼓的起源和与中国古代铜鼓的关系问题，主要还是讨论 A 型、B 型（相当于中国古代铜鼓的石寨山型铜鼓）和 D 型铜鼓究竟孰先孰后。下面本书采用越南考古研究院的分类法对东山铜鼓的 A、B、D 三型铜鼓进行叙述。

（1）东山铜鼓 A 型

东山铜鼓 A 型共分五式，分别为 A 型Ⅰ式、A 型Ⅱ式、A 型Ⅲ式、A 型Ⅳ式和 A 型Ⅴ式。现将部分铜鼓列表如下（表一一）。

表一一　东山铜鼓 A 型统计表

名称	出土或收集地点	型式
玉缕Ⅰ号鼓	河南宁省理仁县如琢社出土	A 型Ⅰ式
黄下鼓	河山平省富川县黄下村出土	A 型Ⅰ式
古螺 1 号鼓	河内市东英县古螺社出土	A 型Ⅰ式
沱江鼓	河山平省沱江地区村出土	A 型Ⅰ式
庙门Ⅰ号鼓	河山平省美德县同心社庙门出土	A 型Ⅱ式
玻龙鼓	河山平省芒姜县玻龙地区征集	A 型Ⅱ式
坂吞鼓	山罗省顺洲县坂吞出土	A 型Ⅱ式
庙门Ⅱ号鼓	河山平省美德县同心社宏村出土	A 型Ⅲ式
武备鼓	河南宁省平陆县大武村出土	A 型Ⅲ式
和平鼓	河山平省发现	A 型Ⅳ式
富川鼓	河山平省富川县出土	A 型Ⅳ式
广正鼓	广宁省广河县广正社出土	A 型Ⅳ式
鼎乡 1 号鼓	义安省义坛县义和社鼎乡出土	A 型Ⅳ式
鼎乡 2 号鼓	义安省义坛县义和社鼎乡 3 号墓	A 型Ⅳ式
东枸鼓	太原省武岩县和平社东枸村	A 型Ⅳ式
陶盛鼓	安沛省镇安县富盛社河岸边出土	A 型Ⅳ式
山西鼓	河内市山西镇收集	A 型Ⅳ式
越溪鼓	海防市水原县符宁社越溪 5 村船棺墓地出土	A 型Ⅳ式
广昌鼓	远东博古学院 1934 年于清化省广昌县购买	A 型Ⅴ式

A型Ⅰ式鼓：形体较大，鼓面小于鼓胸，鼓胸凸出，铜鼓最大径在鼓胸上部，腰部垂直或上宽下窄，胸腰之间有绳纹扁耳两对，鼓足外侈。部分鼓的鼓面外沿、胸部、腰部有许多垫片，如黄下鼓、沱江鼓等。纹饰上，鼓面均无立体装饰，鼓面中心为太阳纹，光芒有十四芒、十六芒之分，芒间填以翎眼纹。光芒外环绕有大小不等的晕圈，有单弦分晕和双弦分晕。晕圈间填以各样纹饰，主晕有羽人、房屋等人物和建筑图案、鹿纹、飞鸟纹、翔鹭纹、立鸟纹、编锣纹等，其余晕圈间填以锯齿纹、雷纹等几何纹带。鼓胸上部饰以几何纹带，下部饰羽人划船纹。鼓腰上部被几何纹带分成数格，格间填以羽人纹、下部饰几何纹带。鼓足无装饰。

A型Ⅱ式鼓：整体较A型Ⅰ式鼓矮，鼓面小于鼓胸，鼓胸凸出，胸部最大径在鼓胸上部，鼓腰上窄下丰，胸腰之间有绳纹环耳或绳纹辫耳两对，腰足之间有凸棱转折，鼓足外侈，足径是整个铜鼓的最大径。纹饰上，鼓面均无立体装饰，鼓面中心为太阳纹，光芒有十二芒、十四芒、十六芒之分，光芒间填以翎眼纹、重叠三角形纹、复线重叠三角形纹等。晕圈有一弦分晕、二弦分晕之分。晕圈间填以各样纹饰，主晕有鹿纹、怪兽纹、带冠和无冠飞鸟纹、舞人纹、翔鹭纹、素面等，其余填以锯齿纹、点纹、同心圆纹、麦穗纹等几何纹饰。鼓胸上部饰以几何纹带，下部饰以羽人划船纹。鼓腰上部用几何纹带分隔成几个方格，方格间填以舞人纹，下部饰以几何纹带。鼓足无装饰。

A型Ⅲ式鼓：形体较高，鼓面小于鼓胸，鼓胸凸出，胸径是整个铜鼓的最大径，鼓腰垂直，胸腰之间有绳纹夹耳两对，腰足之间有凸棱分界，鼓足外侈。部分鼓的鼓面、鼓胸、鼓腰有许多垫片，如武备鼓。纹饰上，鼓面均无立体装饰，鼓面中心太阳纹，光芒有十二芒和十四芒，光芒间填以翎眼纹。晕圈有单弦分晕或双弦分晕，晕圈间填以各样纹饰，主晕有翔鹭纹，其余填以点纹、锯齿纹、栉纹、切线圆圈纹等几何纹饰。鼓胸上部饰以几何纹带，下部饰以羽人划船纹。鼓腰上部用几何纹带分隔成几个方格，方格内填以舞人纹，下部饰以几何纹带。鼓足无装饰。

A型Ⅳ式鼓：此式铜鼓数量较多，整体较矮，普遍不高。鼓面小于鼓胸，鼓胸凸出，胸部最大径在上部，普遍足径大于胸径，个别胸径大于足径。鼓腰大部分为上窄下宽的梯形，部分为上宽下窄和垂直。胸腰之间大部分为绳纹夹耳，鼓足外侈。部分鼓的鼓面、鼓胸、鼓腰、鼓足有许多垫片，如富川鼓、东枸鼓、越溪鼓等。纹饰上，鼓面均无立体装饰，鼓面中心为太阳纹，光芒有八芒、十芒、十二芒、十四芒、十六芒等，光芒间填以翎眼纹、重叠三角纹、斜线纹、复线三角纹等。晕圈大部分为单弦分晕,少部分为单、双弦分晕或双弦分晕。晕圈间填以各样纹饰,主晕有带冠翔鹭纹、翔鹭纹、飞鸟纹及素面。其中和平鼓与富川鼓的主晕里还填有一种特殊的动物纹饰,均是长嘴卷尾,但二者又不完全相同。其余晕圈多填以点纹、锯齿纹、同心圆纹、麦穗纹等几何纹饰。鼓身纹饰中,鼓胸上部仍饰以几何纹带,下部一些Ⅳ式鼓不装饰船纹,而改为装饰犀鸟,如和平鼓,或仅装饰切线圆圈纹、弦纹、锯齿纹,如陶盛鼓和越溪鼓,其余鼓的胸下部仍装饰船纹。鼓腰上部普遍被几何纹带分成几个方格,方格内有些填以舞人纹,有些填以犀鸟纹、牛纹等动物纹饰,有些方格内无纹饰。鼓足无纹饰。

A 型 Ⅴ 式鼓:此式铜鼓发现较少,仅列出广昌鼓一例。该鼓鼓身较矮,鼓面小于鼓胸,鼓胸凸出,胸部最大径在中部,足径略大于胸径。鼓腰略微内凹,胸腰之间附有宽绳纹扁耳两对。鼓足高,外侈。纹饰上,鼓面均无立体装饰,鼓面中心为太阳纹,光芒有八芒,芒间填以斜线纹。双弦分晕,主晕纹饰复杂,有高脚屋和羽人形象及翔鹭纹。其余晕圈填以切线圆圈纹、栉纹等几何纹饰。鼓胸上部饰以几何纹带,下部饰羽人划船纹。鼓腰上部用几何纹带分成数个方格,方格内填以较抽象的舞人纹,下部饰以几何纹带。鼓足无装饰。

(2) 东山铜鼓 B 型

东山铜鼓 B 型共分三式,分别为 B 型Ⅰ式、B 型Ⅱ式、B 型Ⅲ式。现将部分铜鼓列表介绍如下 (表一二)。

表一二 东山铜鼓 B 型统计表

名称	出土或收集地点	型式
维仙鼓	河南宁省维仙县收集	B 型Ⅰ式
安集鼓	河南宁省平陆县富多社安集村出土	B 型Ⅰ式
富维鼓	河山平省美德县富维村出土	B 型Ⅱ式
玉缕Ⅱ号鼓	河南宁省平陆县玉缕社收集	B 型Ⅱ式
玉缕Ⅲ号鼓	河南宁省平陆县玉缕社出土	B 型Ⅱ式
文村鼓	河南宁省维仙县文村出土	B 型Ⅱ式
鼎乡Ⅲ号鼓	义安省义坛县义和社鼎乡墓葬出土	B 型Ⅱ式
九高鼓	海兴省温江县九高社出土	B 型Ⅱ式
铁疆鼓	清化省赵山县民权社铁疆村出土	B 型Ⅱ式

续表

名称	出土或收集地点	型式
新约鼓	河山平省青威县新约社出土	B型Ⅱ式
方秀鼓	河山平省应和县方秀社出土	B型Ⅱ式
定公Ⅳ号鼓	清化省绍安县定公社伴山出土	B型Ⅱ式
定公Ⅴ号鼓	清化省绍安县定公社伴山出土	B型Ⅱ式
瑰山Ⅰ号鼓	河南宁省务本县青瑰社出土	B型Ⅱ式
东山Ⅰ号鼓	清化省东山县东山社出土	B型Ⅱ式
东山Ⅴ号鼓	清化省东山县东山社墓葬出土	B型Ⅱ式
广胜Ⅰ号鼓	清化省清化市广胜社出土	B型Ⅱ式
黄山鼓	清化省农贡县黄山社出土	B型Ⅱ式
决山Ⅰ号鼓	义安省荣市水岸决山出土	B型Ⅱ式
武舍鼓	河南宁省维仙县武梁社武舍村出土	B型Ⅱ式
垄川鼓	河南宁省维仙县安北社陇川村出土	B型Ⅱ式
春立Ⅰ号鼓	清化省寿春县春立社出土	B型Ⅱ式
锦水鼓	清化省锦水县锦平社出土	B型Ⅱ式
寿域鼓	河山平省应和县队平社寿域村出土	B型Ⅱ式
永宁鼓	清化省永禄县永宁社出土	B型Ⅱ式
河内Ⅰ号鼓	河内市收集	B型Ⅱ式
芽庄鼓	富庆省芽庄市福海场出土	B型Ⅱ式
河内Ⅱ号鼓	河内市收集	B型Ⅱ式
河内Ⅲ号鼓	河内市收集	B型Ⅱ式
徕尚鼓	河山平省石七县徕尚社出土	B型Ⅲ式
平驼鼓	河山平省青威县平明社平驼村出土	B型Ⅲ式
绞必鼓	河内市嘉林县绞必市集收集	B型Ⅲ式
东山Ⅱ号鼓	清化省东山县东山社墓葬出土	B型Ⅲ式
东山Ⅲ号鼓	清化省东山县东山社墓葬出土	B型Ⅲ式
东山Ⅳ号鼓	清化省东山县东山社出土	B型Ⅲ式
鼎乡Ⅳ号鼓	义安省义坛县义和社鼎乡出土	B型Ⅲ式
读创鼓	河山平省金杯县读创社出土	B型Ⅲ式

B型Ⅰ式鼓：该型铜鼓发现较少，整体较高，鼓面小于鼓胸，鼓胸凸出，鼓腰垂直，胸腰之间有两对绳纹夹耳或扁耳，鼓足较高。纹饰上，鼓面均无立体装饰，鼓面中心为太阳纹，光芒为十二芒，芒间填以翎眼纹。晕圈有单弦或双弦分晕，主晕多饰以犀鸟纹和翔鹭纹。其余晕圈填以栉纹、切线圆圈纹、点纹等。鼓胸上部饰以几何纹带，下部无纹饰。鼓腰上部用几何纹带分成数个方格，方格内无纹饰，下部饰以几何纹带。鼓足无装饰。

B型Ⅱ式鼓：该型铜鼓发现数量非常之多，但许多都已残缺不全，整体看来，鼓身高度有高有低，绝大多数都在30～50厘米，个别低于30厘米。鼓面小于鼓胸，鼓胸凸出，胸部最大径在中部，胸腰之间有两对绳纹扁耳，鼓腰略显垂直，鼓足较高。部分鼓的鼓面、鼓胸、鼓腰、鼓足有许多垫片，如寿域鼓、永宁鼓、红石Ⅰ号鼓、瑰山Ⅰ号鼓、玉缕Ⅱ号鼓、富维鼓等。纹饰上，鼓面均无立体装饰，鼓面中心为太阳纹，光芒有八芒、十芒、十二芒、十六芒等，芒间填以斜线纹、翎眼纹、翎眼纹间重叠三角纹、重叠三角纹、三角形纹等纹饰。晕圈有单弦或双弦分晕，主晕均饰以长嘴翔鹭纹，其余晕圈饰以栉纹、切线圆圈纹、S形曲线纹、回形雷纹、圆点圆圈纹等。鼓身纹饰方面，鼓胸上部一般饰以几何纹带，下部素面。鼓腰上部用几何纹带分隔成数个方格，方格内无纹饰，下部饰以几何纹带。鼓足无装饰。

B型Ⅲ式鼓：该型铜鼓亦发现较多，整体较矮，高度普遍在20厘米左右，鼓面小于鼓胸，鼓胸凸出，胸腰之间有两对条形耳，鼓腰普遍为上窄下宽的梯形，鼓足矮，其中一部分鼓的足径大于胸径，另一部分为胸径大于足径，二者数量大体相当。纹饰上，鼓面均无立体装饰，鼓面中心为太阳纹，光芒有六芒、八芒、十芒、十二芒等，芒间填以重叠三角形、斜线纹、平行线斜纹等纹饰。晕圈有单弦或双弦分晕，主晕多饰以翔鹭纹，个别为素面和回形雷纹。其余晕圈多饰以栉纹、切线圆圈纹、锯齿纹、圆点圆圈纹等几何纹饰。鼓身纹饰方面，鼓胸上部一般饰以几何纹带，下部素面。鼓腰上部用几何纹带分隔成数个方格，方格内无纹饰，下部饰以几何纹带。鼓足无装饰。

（3）东山铜鼓D型

东山铜鼓D型包括松林Ⅰ号鼓、松林Ⅱ号鼓、上农鼓、老街Ⅺ号鼓（LCⅪ）、老街Ⅻ号鼓（LCⅫ）、绍运鼓、永绥鼓、茂东鼓等八件，没有分式（表一三）。下面对这八面铜鼓进行简要介绍。

表一三　东山铜鼓 D 型统计表

名称	出土或收集地点
松林Ⅰ号鼓	河山平省璋美县美良社松林寺出土
松林Ⅱ号鼓	河西省璋美县美良社松林寺出土
上农鼓	富寿省三清县上农社逢仓村出土
老街XI号鼓（LC XI）	老街市出土
老街XII号鼓（LC XII）	老街市出土
绍运鼓	清化省绍化县绍运社云龟村收集
永绥鼓	河江省永绥县发现
茂东鼓	安沛省文安县茂东社发现

松林Ⅰ号鼓：此鼓整体看起来较扁宽，鼓身高38厘米，鼓面小于鼓胸，鼓胸凸出，胸径最大处在上部，这也是整个铜鼓的最大径。鼓腰上窄下丰，胸腰之间有扁耳两对，鼓足矮。纹饰上，鼓面无立体装饰，鼓面中心为太阳纹，光芒为十六芒，光芒外共环绕了两圈纹饰，里面一圈纹饰似雷纹，新田荣治在其《东南亚早期铜鼓及其起源》一文中将其称为"斜云雷纹"，之外的一圈是栉纹，除此之外，鼓面再无任何装饰。鼓身纹饰方面，鼓胸为素面，无纹饰。鼓腰由两条横向的几何纹带和数条纵向的几何纹带分隔成上下两层数个方格，方格内无纹饰。鼓足无装饰。

松林Ⅱ号鼓：此鼓发现时仅剩鼓面，纹饰上，鼓面中心饰太阳纹，光体凸出似圆饼，光芒为十六芒，光芒外环绕有两圈纹饰，第一圈为弦纹，第二圈为鱼骨纹。鼓面其余部分无纹饰。

上农鼓：此鼓较矮，鼓身高26厘米，出土时鼓面朝下。鼓面小，整个呈凹陷状，鼓胸凸出，胸径为整个铜鼓的最大径，胸腰之间有两只绳纹鼓耳，腰部上窄下丰，腰足分界明显，鼓足矮。纹饰上，通体素面（图二〇）。

老街XI号鼓（LC XI）：此鼓发现时已残破，从腰部开始断为两截，剩余部分鼓面、鼓胸及腰部以下的部分。整体较矮，高37厘米，鼓面小于鼓胸，鼓胸凸出，胸腰之间鼓耳已失，仅见有两只单耳痕迹，鼓腰上窄下丰，腰足分明，鼓足矮。纹饰上，鼓面仅有太阳纹，但是只有光体无光芒。鼓胸素面，鼓腰中上部用数条纵线分成方格，方格内无装饰，下部饰以数条弦纹。鼓足无装饰（图二一）。老街XII号鼓（LC XII）：发现时十分残破，仅剩有部分已变形的鼓面。鼓面中心饰太阳纹，光芒有八芒（图二二）。

绍运鼓：整体较矮，鼓身高29.5厘米。面径小于胸径，鼓胸凸出，胸径最大处在上部，胸腰之间有两对绳纹单耳，腰部上窄下丰，腰足分明，鼓足矮。

装饰上，鼓面中心饰太阳纹，光体凸出。鼓胸为素面，鼓腰有数条纵线分成数个方格，方格内无纹饰。鼓足无装饰（图二三）。

图二〇　越南上农鼓

图二一　越南老街XI号鼓残存的鼓面、胸

图二二　老街XI号鼓残存鼓足

图二三　越南绍运鼓

永绥鼓：整体较矮，鼓身高32.5厘米。鼓面小于鼓胸，胸部凸出，鼓腰较细。鼓面饰太阳纹，鼓胸为素面，鼓腰中上部有纵线分成数格，方格内无装饰，下部有绳纹装饰。鼓足无装饰。

茂东鼓：整体较矮，鼓身高31.5厘米。鼓面小于鼓胸，鼓胸凸出，胸腰之间有两只扁耳。纹饰上，鼓面中心饰太阳纹，光芒为十三芒，光芒外环绕有雷纹。鼓胸为素面，鼓腰上部饰以斜线纹和三角纹，下部则为雷纹。

2. 西江流域与越南北部地区铜鼓文化的关系

关于越南铜鼓中东山铜鼓同西江流域铜鼓的关系，学术界讨论最多的是在铜鼓的起源地问题上。中国学者主张铜鼓起源于中国云南的万家坝型，越南学者则主张铜鼓起源于越南北部的东山铜鼓。前面说到，越南学者普遍认为东山铜鼓A、B型是越南铜鼓最早的类型，而D型则是繁荣过后衰落的产物。在铜鼓的分类对比上，东山铜鼓A、B型相当于我国古代铜鼓的石寨山型，所以讨论越南铜鼓主要是东山铜鼓同西江流域铜鼓的关系，就是讨论万家坝型铜鼓、石寨山型铜鼓和东山铜鼓A、B型三者之间的关系，以及中越各类冷水冲型铜鼓之间的关系。

中国学者多数认为，石寨山型铜鼓是万家坝型铜鼓的衍生品，对此本文不再多做讨论。下面主要讨论石寨山型铜鼓和东山铜鼓A、B型、万家坝型铜鼓和东山铜鼓A、B型、东山系冷水冲型铜鼓与桂南冷水冲型铜鼓之间的关系。

（1）石寨山型铜鼓和东山铜鼓A、B型的关系

首先，对比一下二者的年代。一般认为，石寨山型铜鼓的起止年代是战国时期到东汉初期，而诞生东山铜鼓的东山文化的起止年代则为公元前8~公元2世纪，相当于中国古代的春秋至东汉时期。这样看来，东山文化的起始年代比石寨山型铜鼓的起始年代略微靠前，但整体是大致相当的。而东山文化之前的越南青铜文化诸遗址中并未发现铜鼓，所以东山铜鼓的年代上限肯定在东山文化的时间段内。具体来说，越溪鼓属于A型Ⅳ式，其碳十四年代测定为距今2530年±100年，而属于东山文化的越溪遗址的年代根据碳十四及其中伴出的中国遗物判定为战国晚期到西汉早期，综合考虑到越溪鼓的碳十四测定数据，所以A型鼓的年代上限至多到公元前7世纪。同为A型Ⅳ式鼓的鼎乡1号鼓和鼎乡2号鼓，其年代则较晚，鼎乡遗址的碳十四测定其为距今1990年±85年，也就是西汉晚期到东汉初期这一段时间。到了东山铜鼓B型，其下限应与东山文化的下限大致相当，即到公元2世纪，相当于中国东汉中晚期。所以东山铜

鼓A、B型起止年代的最大值应是从公元前7～公元2世纪。

之所以说年代最大值，是因为这里面有个问题，东山铜鼓A、B型的下限应到东汉中晚期是大多数越南及国内外学者的共识，但是在其年代上限的问题上却意见不一。一部分学者认为玉缕Ⅰ号鼓、黄下鼓、古螺Ⅰ号鼓、沱江鼓等A型Ⅰ式鼓是东山铜鼓时代最早的一批，越南考古研究院集体编著的《越南的东山鼓》也认为这批鼓是同一时代的。又根据古螺城建于公元前255年的线索推断，A型鼓的年代上限应为公元前3世纪，即战国末期。持这一观点的还有日本学者今村启尔，他在"铜鼓和青铜文化的新探索——中国南方及东南亚地区古代铜鼓和青铜文化第二次国际学术讨论会"上发表的《论黑格尔Ⅰ式铜鼓的两个系统》一文中将黑格尔Ⅰ式铜鼓分为石寨山系和东山系，并将两个系统的铜鼓年代划分为三期："第1期：公元前三～前二世纪；第2期：公元前一世纪～公元后一世纪；第3期：公元后二世纪～五、六世纪。"①其中，石寨山型铜鼓在第二期后就已经被取代，第三期则是整个东山铜鼓的年代下限。另外还有一些学者如越南黄春征教授则持另一种观点，他在"铜鼓和青铜文化的再探索——中国南方及东南亚地区古代铜鼓和青铜文化第三次国际学术讨论会"上发表的《越南发现和研究铜鼓的情况》一文中提到："对于东山铜鼓的年代，我们根据器形和花纹衍变过程进行排比，并依据东山文化遗址的碳十四年代进行东山鼓年代的推测，越溪鼓属于Ⅰ类型的晚期鼓，而越溪鼓同出木棺的碳十四年代为距今2530年±100年，所以我们认为最早的东山铜鼓可能出现在大约公元前七世纪，其流行时代可能到了公元一、二世纪。"②

由此可以看出，东山铜鼓A、B型的年代上限之所以出现分歧，正是因为A型铜鼓一出现就有着纹饰繁缛、造型精美的特点，无论是越溪鼓或是玉缕Ⅰ号鼓，都是一种非常成熟的青铜制品。根据事物由简入繁、由粗到精的一般发展规律，在A型铜鼓之前一定有原始类型。这个原始类型究竟是不是D型铜鼓，还有待于新资料的出现和各国学者的深入研究。石寨山型铜鼓和东山铜鼓A、B型年代大致相当，二者存在区间基本一致，但石寨山型铜鼓比东山铜鼓A、B型消失略早。

其次，关于二者的族属。前文已经提到，石寨山型铜鼓的创制者和使用者是濮人和骆越人。而东山铜鼓A、B型的族属，多数学者认为其创制者和使用

---

① 〔日〕今村启尔：《论黑格尔Ⅰ式铜鼓的两个系统》，《铜鼓和青铜文化的新探索——中国南方及东南亚地区古代铜鼓和青铜文化第二次国际学术讨论会论文集》，南宁：广西民族出版社，1993年，第31页。

② 黄春征：《越南发现和研究铜鼓的情况》，《铜鼓和青铜文化的再探索——中国南方及东南亚地区古代铜鼓和青铜文化第三次国际学术讨论会论文集》，南宁：民族艺术杂志社，1997年，第57页。

者亦为骆越人,部分越南学者在著作中直接将东山铜鼓称为"雒越铜鼓"。从分布地域和时代上看。中国先秦到两汉时期,骆越人的活动区域主要包括今天的广西南部、西南部左江－邕江－郁江流域,及越南北部的红河流域,而东山铜鼓A、B型主要流传于公元前7或前3世纪到公元2世纪,其主要分布地区也是越南北部的河内市、河南宁省、河山平省、山罗省、清化省、广宁省、安沛省、太原省、海防市、义安省等。由此可以看出东山铜鼓在分布地域和时代上与骆越人的时代及活动区域有重叠。石寨山型铜鼓的一部分和东山铜鼓A、B型一样,其创制者和使用者都是骆越人。

第三,从铅同位素分析结果来看。1966年,美国学者R. H. 布雷尔将铅同位素技术引入考古学研究中,之后英国和德国学者将这一技术运用到了古代青铜制品的分析中,并成功鉴定出了地中海东部地区古典时期青铜器的矿料,从而诞生了铅同位素考古学这门新学科。20世纪80年代,中国学者金正耀教授将这种技术引入中国,第一个开展中国古代青铜器的铅同位素研究。此后这种技术也运用到了铜鼓的矿料分析中,2000年,中国学者对万家坝型铜鼓进行铅同位素分析,科学地证明了铜鼓的发源地在云南中部和云南中西部。广西民族大学万辅彬教授等学者在2002年发表了《越南铜鼓样品铅的富集与铅同位素测定》一文,运用铅同位素技术测定了"越南铜鼓样品76个,古铜矿样品1个,锌矿样品1个,铜缸(铜桶)样品4个,铜镜样品1个,鼓形铜盆样品4个,其他出土物样品7个,铜鼓(明器)样品2件"[①]。2003年,万辅彬又发表了《越南东山铜鼓再认识与铜鼓分类新说》一文,认为:"①中国广西和云南矿石及古代冶矿遗物样品的铅同位素实验数据和7面石寨山型铜鼓与22面冷水冲型铜鼓的铅同位素实验数据都说明中国的石寨山型铜鼓和冷水冲型铜鼓的矿料基本来自中国本土。②56面东山铜鼓(黑格尔Ⅰ型)和相伴出土的14个其他属于东山文化的青铜器物(共70个)样品的铅同位素实验数据表明,越南东山铜鼓及东山文化遗物的矿料应该是就地取材,基本上不是来自中国。"[②]

所以,从年代、族属及铅同位素分析结果来看,石寨山型铜鼓和东山铜鼓A、B型之间的关系有可能是在各自区域内平行发展,各自铸造的。这也代表了多数中国学者的观点,如李昆生、黄德荣先生就提出,越南东山铜鼓(A、B

---

① 韦东萍、房明惠、万辅彬、叶挺花:《越南铜鼓样品铅的富集与铅同位素测定》,《广西民族学院学报(自然科学版)》2002年第4期,第57页。

② 万辅彬、房明惠、韦东萍:《越南东山铜鼓再认识与铜鼓分类新说》,《广西民族学院学报(哲学社会科学版)》2003年第6期,第80页。

型）是在中国万家坝类型铜鼓影响下出现、在越南当地制造的铜鼓，石寨山型铜鼓也是万家坝类型铜鼓的直接继承者，石寨山型和东山型铜鼓是黑格尔Ⅰ型铜鼓的两个亚型，两者基本上是平行发展的关系。①

虽然都认为东山铜鼓来自于云南，但国际学术界也有不同看法。今村启尔教授在《论黑格尔Ⅰ式铜鼓的二个系统》一文中提出东山鼓实际上是来源于石寨山型铜鼓。他根据三角锯齿纹和栉纹的变化提出："和先黑格尔Ⅰ式在器型上有很大差异的东山系铜鼓是从先黑格尔Ⅰ式变化而来的假说是不能成立的，可认为东山系是由石寨山系或和石寨山系相近的铜鼓派生出来的，东山系中拥有锯齿纹的铜鼓是古老的,由锯齿纹转变为栉纹的铜鼓是后来出现的。"②今村启尔这种观点主要是根据纹饰的类型学发展顺序提出的，但也受到年代学的一定支持，石寨山型铜鼓的年代可能略早于东山型铜鼓，从出现到消失都走在东山鼓的前面，所以这个观点也是颇值得注意的。

（2）万家坝型铜鼓和东山铜鼓A、B型之间的关系

一般认为，石寨山型铜鼓是万家坝型铜鼓的直接继承者，而石寨山型铜鼓和东山铜鼓A、B型又是在各自区域内平行发展的两个类型，所以东山铜鼓A、B型和万家坝型铜鼓是否有继承关系就成了一个重要问题。

关于这个问题，许多学者发表了自己的见解。蒋廷瑜先生在《东山铜鼓在铜鼓发展史中的地位》一文中提到："东山铜鼓是在先黑格尔Ⅰ型铜鼓的基础上发展起来，是先黑格尔Ⅰ型铜鼓的完善和提高，也只有到这时，铜鼓才彻底从铜釜中脱离出来成为专门的祭祀用乐器。"③先黑格尔Ⅰ型铜鼓是日本今村启尔教授在《关于先Ⅰ型铜鼓》一文中首次提出的对时代早于黑格尔Ⅰ型铜鼓的铜鼓的称呼，即指万家坝型铜鼓。蒋廷瑜先生在文中明确指出，万家坝型铜鼓是东山铜鼓发展的基础，东山铜鼓是万家坝型铜鼓的发展与提高。同时又指出，在万家坝型铜鼓之后，东山铜鼓A、B型和石寨山型铜鼓分南北两区并行发展，"都有先黑格尔Ⅰ型（万家坝型）传统,但又各自有自己的地方特点。"④李昆声、黄德荣的文章《论万家坝型铜鼓》也持相同意见，文中说："云南万家坝型铜鼓

---

① 李昆声、黄德荣：《中国与东南亚的古代铜鼓》，昆明：云南美术出版社，2008年，第257～278页。

② 〔日〕今村启尔：《论黑格尔Ⅰ式铜鼓的二个系统》，《铜鼓和青铜文化的新探索——中国南方及东南亚地区古代铜鼓和青铜文化第二次国际学术讨论会论文集》，南宁：广西民族出版社，1993年，第29页。

③ 蒋廷瑜：《东山铜鼓在铜鼓发展史中的地位》，《广西博物馆文集》第2辑，南宁：广西人民出版社，2005年，第141页。

④ 蒋廷瑜：《东山铜鼓在铜鼓发展史中的地位》，《广西博物馆文集》第2辑，南宁：广西人民出版社，2005年，第141页。

的影响越过国界后,很快被越南北部一种成熟的青铜文化——东山文化所接受,因而,在越南北部之清化省东山县东山村发现的 20 多面铜鼓中,出现了有羽人和翔鹭的石寨山型铜鼓,其时代不超过西汉。"① 此外,在许多专著中,如《铜鼓文化》《铜鼓》等,均提到了万家坝型铜鼓在向东南方向传播时,经元江而下到达红河流域,与当地的青铜文化——东山文化相结合,从而诞生了东山铜鼓。美国学者邱兹惠在《试论东南亚所见之万家坝式鼓》一文中提出了自己的设想:"假设万家坝式鼓首先出现于滇中,稍后由此向各方向散播,其中一支沿沅江南下而入红河三角洲。其时恰值越南文化之枫丘期,当地青铜冶金与其在云南及泰国的兄弟文化相类,已有相当的基础。但其所有青铜合金一般多为铸造小件物品,尚未见有铜鼓。此时红河流域及其邻近地区的文化发展正步入社会阶级分化的过程,铜鼓本身与生俱来的宗教与社会功能,恰巧受到当地社会高阶层份子的青睐,于是进一步得到认可。但最早的万家坝式鼓形制古拙,造形单调且乏味,于是骆越人便依其所好,在器表加饰一些简单的几何纹样。其中的一些装饰母题,极可能源自当地新石器时代的陶纹。其后为东山地区的黑格尔Ⅰ式铜鼓沿用……万家坝式鼓入主红河三角洲后进一步造就了东山的黑格尔Ⅰ式鼓,且与之相辅相成。但后来的骆越人不明白当初万家坝式铜鼓与炊器铜釜的血缘关系,且受了当地原产铜提筒的影响,或许渐渐将万家坝式鼓原有的斜式腰身改为越南黑格尔Ⅰ式鼓最有特色的直式筒形腰身。"②

除了以上论述,我们还可以对比一下二者的年代。万家坝型铜鼓起于春秋中期,止于战国早期,东山铜鼓 A、B 型普遍认为起于战国时期,止于东汉中晚期,二者在时间上应该是可以说是前后相接的。

综上所述,东山铜鼓 A、B 型正是在万家坝型的影响下,采用越南本地矿料铸造的一种独具本地特色的铜鼓类型,这种本地特色主要体现在鼓腰的形制上。众所周知,中国古代铜鼓万家坝型铜鼓和石寨山型铜鼓都是喇叭形腰身,而发展到它们之后的六个类型无一例外都是曲面腰身。相比之下,受万家坝型铜鼓影响与石寨山型铜鼓平行发展的东山铜鼓 A、B 型确是直筒形腰身,这正是其区域性文化特征影响的结果。

(3) 中越冷水冲型铜鼓之间的关系

冷水冲型铜鼓广泛分布在西江流域和越南北部红河下游地区,从而也产生

---

① 李昆声、黄德荣:《论万家坝型铜鼓》,《考古》1990 年第 5 期,第 462 页。
② 邱兹惠:《试论东南亚所见之万家坝式鼓》,《铜鼓和青铜文化的再探索——中国南方及东南亚地区古代铜鼓和青铜文化第三次国际学术讨论会论文集》,南宁:民族艺术杂志社,1997 年,第 32 页。

了不同的地方类型，学术界早已认识到它们之间的区别，对于它们之间的联系也有所探讨。带定胜纹的冷水冲型铜鼓主要分布在邕江和左右江流域，以宾阳、邕宁、武鸣、横县等地最为密集；典型冷水冲型铜鼓主要分布在浔江流域，尤其以桂平、平南、藤县三县最多；东山系冷水冲型铜鼓则主要分布在越南北部的红河下游地区，尤其以清化、河山平等省较多。郭立新等把各地冷水冲型铜鼓分为三个地区类型，并分别以其分布中心区命名为红河型、邕江型、浔江型。

红河型冷水冲铜鼓主要特征和分期情况如下。

面径多小于胸径，鼓面边缘多为素晕。立蛙四只，背部多有十字交叉纹样。芒间多以翎眼纹和折线纹相间排列。二至四弦分晕，晕弦窄而素，或夹细小的实心圆点纹。内侧第一晕为对向三角形纹或S形曲折纹，主晕内侧多有一圈变形雷纹。主晕为变形羽人纹和变形翔鹭纹，前者有三组飘带形头饰，羽冠上的线条较短；后者多间饰定胜纹二或四个。其他各晕饰栉纹、同心圆纹或圆切线纹。除个别鼓胸仍有船纹鼓腰有羽人纹等主晕之外，大多数鼓鼓身上无主晕，但鼓腰上半部仍有纵格，足多光素少纹。

早期以越南广昌1号鼓，富方Ⅰ、Ⅱ号鼓，助坡鼓，右钟鼓，东孝鼓，农贡鼓，多笔鼓，桂平451号鼓为代表。鼓面较小，胸部鼓突。芒间饰折线纹间翎眼纹，鼓面各晕纹饰的基本组合为对向三角纹或S形曲折纹、变形雷纹、同心圆纹或加切线、栉纹、变形羽人纹、变形翔鹭纹，翔鹭纹晕多对置定胜纹一对，羽人纹颜面及翔鹭的眼部皆用一个小圆圈内加一圆点构成。

晚期以越南97、98、109、111号鼓（这些编号均系《越南的东山铜鼓》图录中所用）。与前期相比，定胜纹增加到四个，对向三角纹退化或不见，变形雷纹逐渐演变成复线交叉纹，羽人颜面和翔鹭之眼多变成两个同心圆。芒间出现全饰翎眼纹者。此期纹饰颇不统一。

邕江型和浔江型的特征与分期前文已经做过介绍，对比三种地方类型，在红河型、邕江型、浔江型铜鼓中，以红河型早期铜鼓与石寨山型在纹饰和形制上最为接近，红河型早期铜鼓应该是从石寨山型铜鼓中的东山系演变过来的。邕江型早期铜鼓的年代晚于红河型，邕江型可能是从红河型衍生出来的。

郭立新等学者认为，冷水冲型铜鼓从红河型到邕江型，再到浔江型的衍变流播，说明了族群的迁徙和文化的传播，是东汉时期岭南社会变迁的反映。

到了东汉时期，越南北部地区已经得到了一定程度的开发，仅交趾郡就在狭窄的红河下游平原地区设县十二个。《后汉书·马援列传》记载，当时交趾郡西于县已经有编户民三万二千户，算得上一个人口稠密的大县。编户民和建制的增多反映了当时经济的发展和封建统治力量的加强。公元 40 年爆发的二征起义,实际上是当地土著与汉帝国在制度与文化上发生多方面冲突的结果。马援的南征和胜利加快了红河下游地区的封建化过程,随着骆侯骆将制的废除,当地的土著文化——东山文化逐渐消失,而汉文化因素大量出现。这种状况在考古学上的反映是,汉式砖室墓取代了传统的长方形土坑墓,出现了大量的汉式器物。这种变化与红河型鼓由早期过渡到晚期并趋于衰落的过程是吻合的。红河型早、晚期之交大约发生在东汉早期,当红河型在其发祥地因为失去社会基础而衰落时,却在其北邻的左右江和邕江流域找到了复兴的土壤,并形成了一个新的类型——邕江型。桂西南地区与越南北部同为骆越分布区,但前者开发的时间较晚,汉代时候这一大片区域仅设有临尘、增食、领方三县统辖其境,由于统治力量薄弱,只能采取依其故俗的治理政策,土著文化保留较好,左江崖壁画上浓郁的民族色彩和这一地区至今少见汉代遗物和墓葬的事实都说明了这一点。所以,当冷水冲型铜鼓代表的文化在红河流域受到汉文化的挤压被迫迁移时,桂西南地区是其理想的目标,邕江型于是应时而生[①]。

第三节　西江流域在中国南方和东南亚铜鼓文化圈中的地位

中国古代铜鼓曾广泛流传于云南、广西、广东、贵州、重庆、四川、海南、湖南等南方诸省,又远播东南亚的越南、老挝、缅甸、泰国、马来西亚、印尼、新加坡、柬埔寨等国,是东亚、东南亚地区的一个十分重要的青铜器物。

(1) 铜鼓文化圈的研究

关于文化圈这一概念,是由德国学者莱奥·弗罗贝纽斯(Leo Frobenius,1873～1928 年)在他的论文《非洲文化的起源》中第一次提出来的。后来德国学者弗里茨·格雷布内尔(Fritz Graebner,1877～1934 年)对文化圈的概念作了系统的归纳,详细阐述其理论及方法。

铜鼓文化圈的形成基础是稻作文化圈,也就是所谓的那文化圈。蒋廷瑜、廖明君指出,在珠江流域及东南亚地区,存在着一个特点鲜明的稻作文化圈,

---

① 郭立新、万辅彬、姚舜安:《论冷水冲型铜鼓的三个地方类型》,《广西民族学院学报(哲学社会科学版)》1997 年增刊,第 101～104 页。

泛北部湾地区的中国广西、广东和海南三省区，越南、泰国、老挝、柬埔寨、马来西亚、印度尼西亚都可划归该稻作文化圈中①。从这个角度说，铜鼓文化产生的物质基础是稻作文化，铜鼓文化自然也处处体现了稻作文化的特质。铜鼓最初的功用可能是稻作民族的生活器皿，继而进化为乐器、礼器、神器和重器。它的产生及使用是中国南方各民族与东南亚地区人们政治、经济、文化活动和文明交往的重要物证。铜鼓文化体现了泛北部湾地区稻作民族对人与自然相互依存关系的思考，丰富的表现形式所要表达的则是泛北部湾地区稻作民族积极进取、追求美好生活的价值观这一深刻的内涵②。

  关于铜鼓文化圈的概念，覃乃昌第一次将"那"文化圈与铜鼓文化联系起来，在其《"那"文化圈论》一文中单独辟出"铜鼓文化"一节阐述："铜鼓出土的分布……令人惊奇的是，它的分布与'那'地名分布范围几乎重叠！更令人惊奇的是，在史前时期有肩石器文化分布的区域，同时也是青铜时代铜鼓文化分布的区域……铜鼓文化源于稻作农业，是'那'（稻作）文化的一种重要表现形式。"③从覃乃昌先生的论述中不难看出，铜鼓文化脱胎于那文化，所以铜鼓文化应该也有一个相似地域的文化圈，这一论点为后来学者提供了思路。21世纪初，赵丛苍先生第一次提出了"铜鼓文化圈"的概念，并论述了铜鼓文化圈所包含的几个要素。④万辅彬、韦丹芳发表于2015年的论文《试论铜鼓文化圈》则对铜鼓文化圈进行了全面分析阐述，文章论述了七个方面的问题：中国南方和东南亚地区是铜鼓的主要分布地区；中国南方和东南亚地区有着与铜鼓密切相关的文化与技术交流；中国南方和东南亚地区的铜鼓有相似的社会文化功能；中国南方和东南亚地区至今依然存在活态的铜鼓文化；中国南方和东南亚地区的原住民多是壮侗语族；中国南方和东南亚地区的传统生活方式以稻作文化为基础，铜鼓的纹饰则包含了许多稻作文化的信息；铜鼓分布的地区留下了至今仍使用的以铜鼓命名的地名。据此，作者认为铜鼓文化圈从古至今都确切存在⑤。彭长林教授的《铜鼓文化圈的演变过程》一文分析了铜鼓文化圈的变化，

---

① 蒋廷瑜、廖明君：《铜鼓文化》，杭州：浙江人民出版社，2007年。
② 范丽萍：《铜鼓文化在泛北部湾地区的空间分布与价值共享》，《广西师范大学学报（哲学社会科学版）》2014年第5期，第9～15页。
③ 覃乃昌：《"那"文化圈论》，《广西民族研究》1999年第4期，第43页。
④ 赵丛苍：《铜鼓·铜鼓文化·铜鼓文化圈》，《声震神州》，昆明：云南人民出版社，2005年，第204～205页。
⑤ 万辅彬、韦丹芳：《试论铜鼓文化圈》，《广西民族研究》2015年第1期。

认为"铜鼓文化圈并非等同于已发现的所有铜鼓的分布区域,而是一个不断发展变化的时空概念,中心与边缘的分布区域随时代变迁而变化,各时期的铜鼓文化内涵也不断变化。"[①] 以上这些学者的文章,系统地阐述了铜鼓文化圈的诸多问题。

(2)西江流域铜鼓文化的地位

关于西江流域铜鼓文化在整个铜鼓文化圈中的地位,可以从三个方面来讨论。

首先,西江流域铜鼓类型最多。西江流域是万家坝型、石寨山型、冷水冲型、北流型、灵山型、遵义型、麻江型等七大类铜鼓的主要使用区域,冷水冲型、北流型、灵山型铜鼓更是本土原生。所以在包含的铜鼓类型上,西江流域包含了除西盟型以外的全部铜鼓类型。

其次,西江流域铜鼓发现数量最多。西江流域幅员辽阔,至今已发现的铜鼓数量达数千面,这是其余地区所无法比拟的。

最后,在铜鼓文化的传承上,西江流域地区至今许多市县还在使用铜鼓进行祭祀和表演,同时从政府到群众对铜鼓文化均有一定的宣传推广,属于一种活态的文化。

综上所述,西江流域在整个中国南方——东南亚铜鼓文化圈中处于后来居上的中心地位,对于发展和继承铜鼓文化起到了不可替代的核心作用,而铜鼓文化也成为西江流域民族文化的典型代表。

---

① 彭长林:《铜鼓文化圈的演变过程》,《广西民族研究》2016年第1期,第116~123页。

第五章　比较视野下的西江流域铜鼓社会文化功能

中国古代社会在青铜时代先后诞生了两种青铜重器——铜鼎和铜鼓。铜鼎是中原文化的典型器物，而铜鼓则主要流行于中国南方民族地区。二者同为我国古代重要的青铜器物，在社会文化功能上既有相似之处，也有差异。下面本书通过比较研究，对二者的社会文化功能进行辨析。

第一节　西江流域铜鼓的社会文化功能

铜鼓既是乐器，又是礼器，兼具多种功能，这一点早为前人所注意到。如方国瑜在《云南通志·铜鼓考》中辑录散见于传世文献的铜鼓记录，按照现代功能主义观念分组和排列，将铜鼓的主要用途分为"西南土人之乐""击鼓赛神""用于战阵""或赏有功""亦以入贡"五种。① 从行为者角度看，"入贡"一说语出《宋史·西南溪峒诸蛮传》和《南丹州蛮传》，事涉中央和地方、汉和蛮之关系，铜鼓的使用恐非原意，因此，文献载录的铜鼓用法可能是原生、次生和附生多类杂陈。更为重要的是，如果铜鼓为"蛮夷所用"，那么华夏的记录就是他者观察和记录的结果，铜鼓的使用者反而并无机会在书写文本中得到表达。方国瑜的铜鼓功能说虽屡经后来诸家修改，但大体框架未易，铜鼓被界定为以乐器、祭神用器和战争号令为主要功能诉求的青铜器类型②。下面总结了铜鼓自产生至今比较常见的几种功能。

1. 炊具功能

铜鼓在诞生初期可能仍然作为炊具使用，例如许多万家坝型铜鼓在出土时

---

① 方国瑜：《云南通志》卷八十五《金石考》五，昆明：云南人民出版社，2007年，第95～112页。
② 徐坚：《跨越边界：铜鼓民族考古学的三个范式》，《学术月刊》2013年第12期，第133～140页。

鼓面朝下，鼓足朝上，并且铜鼓外部有烟熏痕迹，应该是架于火上烧烤所致。加之铜鼓有很大可能起源于铜釜这种炊具，所以早期铜鼓具有炊具的社会功能。当然也有一些学者认为铜鼓诞生初期并非是炊具，如云南民族大学孔含鑫教授在其文章《中国古代铜鼓非炊具论》中就认为："由于这一类型的古代铜鼓的鼓面上多有烟炱等遗存，从而导致学术界有古代铜鼓是炊具的说法，但从古代铜鼓所处的青铜时代文化背景及南方边疆远古部族宗教文化背景来看，都能印证古代铜鼓不是炊具。"① 持这类观点的学者虽然少，但是比较新颖，值得学术界重视。

2. 音乐功能

将一些中空无底的炊具倒置过来作为乐器的情况，在古今中外屡见不鲜，其中最为著名的是庄子"鼓盆而歌"的典故，所以铜鼓在诞生之后的一个主要功能就是作为打击乐器演奏。冯汉骥先生在其《云南晋宁出土铜鼓研究》一文中就认为铜鼓既作为炊具，又可倒置过来作为打击乐器。除此之外，史籍也记载了许多关于少数民族在不同场合演奏铜鼓的事例，如《南州异物志》记载乌浒人食人的风俗："出得人，归家合聚邻里，悬死人当中，四面向坐，击铜鼓，歌舞饮酒，稍就割食之。"《岭表录异》则记载了蛮夷所使用的乐器："蛮夷之乐有铜鼓焉。形如腰鼓，而一头有面。"《太平御览》记载的十分详细："风土记曰：越俗饮宴，即鼓伴以乐。……乐器凤首、箜篌、琵琶、五弦、笛、铜鼓、毛圆、都昙、铜铍具等九种为一部，二十二人，歌曲有沙沙疆，舞曲有文曲。"《新唐书·列传第一百四十七下·南蛮下》则记载了东谢蛮男女婚礼时演奏铜鼓的情况："西爨之南，有东谢蛮……昏姻以牛酒为聘。女归夫家，夫惭涩避之，旬日乃出。会聚，击铜鼓，吹角。"除此之外，《云南志略》《嘉靖贵州图经》《贵州通志》《独山州志》等地方志略均描绘了丧葬时使用铜鼓送葬的习俗。时至今日，虽然西江流域范围内的大部分地区都已不再使用铜鼓，但是生活在广西西部河池等地的壮族、瑶族、布依族等少数民族人民在节日、婚庆等节庆时依然会奏铜鼓乐、跳铜鼓舞。

根据音色的不同，铜鼓可分公鼓和母鼓，声音清脆响亮的为公鼓，声音低沉厚重的为母鼓。人们在祭祀活动中敲击铜鼓需要公鼓和母鼓相伴，声音高低搭配，音调和谐。二者配合演奏，鼓点有分有合，声音、频率、节奏变化多样，

---

① 孔含鑫、吴丹妮：《中国古代铜鼓非炊具论》，《中南民族大学学报（人文社会科学版）》2015年第4期，第67页。

铜鼓这种神秘的内在语言，体现了阴阳、公母、交媾、生育、繁衍等观念。

3. 发送信号的功能

由于铜鼓属于打击乐器，所以具有类似于中原地区铜钟发送信号、召集人员的功能，由此亦多用于战阵指挥。缘何用铜鼓而不用其他响器，是因为从乐器理论上讲铜鼓和铜钟都是低频响器，声音在空气中传播较远，可"声闻百里以传信"。关于这个功能，史籍记载甚多，如《隋书》和《宋史》都记载岭南诸蛮相互攻杀时鸣铜鼓以召集众人："俗好相杀，多构雠怨，欲相攻则鸣此鼓，到者如云。""相攻击，鸣鼓以集众。"《名卿绩纪二》则记载了明代两广蛮寇叛乱，朝廷拜赵辅为征夷将军，以韩雍总督军务，"军门设铜鼓数十，仪节详密，宾佐皆极一时之选。"《觚不觚录》记载了韩永熙在梧州设都府听治时的情况："梧州，两广中介也，公于此开都府听治焉。门列画鼓数十面，每有出入，则挝之以为节。"不仅如此，直到近现代，广西、云南的一些地区，仍然使用铜鼓召集人手，"今蛮人集议军警公益一切事件，亦以撞击铜鼓为其唯一号召之方法，流俗相沿，犹未少变。"①除了这些记载之外，在史籍中我们还经常看到在历代中原王朝南下破蛮之后，首要缴获的就是大量的铜鼓，这也从侧面证明铜鼓在南方少数民族战争中的地位。古代诗歌也是一个很好的例子，如唐代李贺："黑幡三点铜鼓鸣，高作猿啼摇箭箙。"宋代陶弼："金鼓声阑战戟收，使君回上雅歌楼。"明代徐渤："秋挝铜鼓擒蛮垒，夜枕金戈卧将坛。"

4. 宗教功能

在远古时代，由于生产力低下，人们对于自身和自然界都没有清晰的认识，于是便出现了原始的巫术活动。这种古代巫术活动常常伴随着唱咒、舞蹈、嚎叫、敲打各类器物发出响声等行为，目的无非在于向神明献媚，祈求保佑。阶级出现之后，祭祀的权力逐渐掌握在了祭司和首领的手中。中原地区自礼乐文化出现后，原始巫祝文化基本退出历史舞台，而南方地区由于交通不便，与中原地区交流少，先进文化传播慢，所以巫祝文化就得以继续生长。《汉书·卷二十八下·地理志第八下》提到："江南地广，或火耕水耨……信巫鬼，重淫

---

① 蒋廷瑜：《广西铜鼓文献汇编及铜鼓闻见记》，桂林：广西师范大学出版社，2014年，第77～78页。

祀。"①证明了南方地区巫术之风十分普遍,而鼓作为打击乐器,本身就很适合用于颇有节奏的巫祝活动中,《世本》曰"巫咸作鼓",即是如此。铜鼓诞生之后,顺理成章地继承了鼓的属性,继续在巫祝活动中演奏。

2016年7月15日"中国广西左江花山岩画艺术文化景观"成功申遗,成为中国第49处世界遗产。在花山岩画的众多壁画图像中,出现了大量的有太阳纹的圆形铜鼓。有铜鼓的图像多为成组出现,如图二四中出现的一组图像:铜鼓放置在中间,周围一圈跳舞的人,舞姿类似于蚂蜩的样子(广西壮族民间传说将青蛙称为蚂蜩),其中一人兽形冠饰,腰上别着环首刀,应该是位首领,在首领下面还有一条狗。这一组图像主要描绘的应该是首领带领族人用铜鼓祭祀的场景。又如图二五中出现的一组图像:左面是一位身形巨大的腰上挎有刀剑的首领,中间为两艘小船,上面一艘船坐四人,船头似乎是一只鸟,船上有两面太阳纹铜鼓,船头一面,左数第三人捧一面,此面还绘有双耳。以上这些图像都描绘了生活在左江流域的古代骆越人运用铜鼓祭祀和生活的场景。这种巫术活动在史籍中也有记载,如《宋史》:"西南诸夷,……疾病无医药,但击铜鼓、铜沙锣以祀神。"

图二四　中国广西左江花山岩画艺术文化景观(局部)

铜鼓的这种宗教功能一直沿用至今,唐代及唐代之后的诗歌中就常常写到这样的场景,如唐代许浑:"瓦尊留海客,铜鼓赛江神。"五代孙光宪:"铜鼓与蛮歌,南人祈赛多。"宋人方信孺《南海百咏》曰:"石鼓蹉峨尚有文,旧题铜鼓更无人。宝钗寂寞蛮花老,空和楚歌迎送神"。明代解缙:"波罗蜜树满城闉,铜鼓声喧夜赛神。"清代高攀桂:"铜鼓喧春社,黄仙有古祠。"现代云南、广西

---

① (东汉)班固:《汉书》,北京:中华书局,1962年,第1666页。

等一些地区的少数民族群众，仍然沿袭前人传统，使用铜鼓进行祭祀、祈祷等活动。如广西的天峨、南丹、东兰等地的壮族的"蚂𧊒舞"中仍敲铜鼓以娱神（图二六）。

图二五　中国广西左江花山岩画艺术文化景观（局部）

图二六　广西壮族自治区河池市南丹县壮族群众使用铜鼓进行祭祀活动

5. 象征功能

通过以上铜鼓的炊具、音乐、发送信号、宗教等多方面社会文化功能的分析，我们可以很自然地得出，铜鼓不是普通的青铜器物，而是具有特殊意义的掌握在少数首领、贵族手中的重器。正所谓"国之大事，在祀与戎"，首领和贵族是部族的领导者，有着掌握资源和行使权力的特权，所以铜鼓之于他们是一种身份、地位的象征。

特别是硕大形的粤式铜鼓，更是地方豪酋权力与财富的象征。汉唐时期岭南地区，特别是乌浒、俚僚民族居住的粤西、桂东南地区，实际上封建王朝的政治势力一直难以深入，故而只好采取"以其故俗治"的权宜之计。虽然设置了中央管辖的行政单位，但俚僚的社会性质并未发生突变，仍处于封建前的发展阶段。汉至隋，粤西的郡县制度还不很健全，甚至徒有其名。《汉书·贾捐之传》记载："骆越之人……与禽畜无异，本不足郡县置也。"《广州记》云："诸县自名骆将，铜印青绶，即令之长也。"粤西多是俚僚部落首领的世袭领地，朝廷派来的官吏，因是"他乡羁旅"，所以"号令不行"，甚至有的官吏贪虐无道，使"诸俚僚多有亡叛"。为了息事绥边，使少数民族顺服，封建王朝选择了一条"树其酋长，使自镇扶""以蛮夷治蛮夷"的羁縻政策。羁縻是指人把缰绳套在牛马身上而并不捆死，以便驾驭，比拟统治者不用僵硬的办法，而是用比较柔和的办法来使少数民族就范。直到唐代，封建王朝对俚人都是"羁縻而已，未能制服其民"。蛮夷稍稍内附，"即其部落列置州县，其大者为都督府，以其首领为督刺史，皆得世袭。"两晋南北朝时期，封建统治者先后在桂东北一带地区置吏奉贡以加强统治。如《宋书》（卷三）载："始安公封荔浦县侯，食邑百户。"唐时在政治制度上实行的羁縻州制，虽达到了对岭南诸民族的统治和控制，但首领"虽贡赋，版笈多不上吏部"。这些本族首领在政治、经济上有相对的独立性，奉行另外一套政治制度和文化规范，对铜鼓的追求也代表了对权力、地位和财富的追求。关于此，史籍中同样有着大量的记录。

裴渊《广州记》载，"初成置于庭。克晨置酒，招致同类，来者盈门，豪富子女以金银为大钗，执以叩鼓，竟，乃遗主人。"《隋书·地理志》的记载略有变动："自岭以南二十余郡……诸蛮皆然，并铸铜为大鼓。初成，悬于庭中，置酒以招同类。来者有富豪子女，则以金银为大钗，执以叩鼓，竟，乃留遗主人，名为铜鼓钗……有鼓者号为都老，群情推服。本之旧事，尉佗于汉，自称蛮夷长老夫臣，故俚人犹呼其所尊为倒老也，言讹，故又称都老云。"

不仅仅是社会上层，在利益的驱使下，其他社会阶层也通过铜鼓来牟利。如《晋书·食货志》记载："孝武太元三年，诏曰：'钱，国之重宝。小人贪利，销坏无已，监司当以为意。广州夷人，宝贵铜鼓，而州境素不出铜，闻官私贾

第五章 比较视野下的西江流域铜鼓社会文化功能

人,皆于此下贪比输钱,斤两差重,以入广州,货与夷人,铸败作鼓。其重为禁制,得者科罪'"。晋代的广州辖南海、郁林、苍梧、宁浦、高凉、晋宁等郡,包括今广西、广东的绝大部分地区。当时的夷人就是生活在两广地区南部的少数民族,广泛流行的铜鼓文化催生了对铜鼓的大量需求,在铜矿不足的情况下,熔化铜钱铸鼓就成了一个渠道,官方和民间商人都参与了这样一个商业活动。

20世纪80年代晚期,在西方民族学与考古学理论影响之下,汪宁生提出了"夸富宴"思路来解读铜鼓的功能,他认为"这片广大地区流行的铜鼓便是在夸富宴性质活动中使用的敲击乐器",铜鼓是因应了夸富宴的需要制作和使用的。汪宁生的夸富宴阐释建立在图像分析之上,他征引了慕烈、玉缕、黄下和开化诸鼓的鼓面主晕纹饰,准确地辨识出主晕带的叙事性图像描绘的是夸富宴场景①。徐坚通过对多个铜鼓的图像分析认为,铜鼓的主要功能并非乐器,数量多寡不等的铜鼓陈列在大屋平台上,更符合夸富宴中陈列财富的需求,而不仅仅是"击鼓为乐"。铜鼓或者铜料的外源和交易本质都使铜鼓作为夸富宴上展示财富的器物的可能性大增。如果铜鼓仅仅是夸富宴使用的乐器,都无法获取如此崇高的象征价值,因此,它只可能是一种截然不同于东亚大陆地区类型的青铜文明的礼器。此前被当成佚闻志异甚至有夸张失实之嫌的铜鼓礼俗也只有在夸富宴思路下才能得到理解。《广州记》和《隋书·地理志》关于铜鼓的记载内容都说明,作为社会竞争机制,举办夸富宴时,家内或者族内成员均有积聚财富,助成夸富宴的责任②。

铜鼓由于制作复杂,耗材巨大,既为首领、贵族所有,那么一方面可以显现出铜鼓的珍贵价值,另一方面统治阶级又可以把它作为珍贵礼物赏赐给有功者或向中央王朝进贡。例如《炎徼纪闻》记载土人挖出的铜鼓卖得百牛:"土人或掘地得鼓,即祷张言诸葛武侯所藏者,富家争购,即百牛不惜也。"《涌幢小品》则对于铜鼓价值的描绘更是详细:"蛮中诸葛铜鼓,有剥蚀而声响者为上上,易牛千头,次者七八百头。藏二三面者,即得僭号为寨主矣。"《新唐书·列传第一百四十七下·南蛮下》记载了东谢蛮赏赐有功者铜鼓的事例:"西爨之南,有东谢蛮……赏有功者以牛马、铜鼓。"《宋史》:"淳化元年,洪曈卒,其弟洪皓袭称刺史,遣其子淮通来贡银碗二十,铜鼓三面,铜印一纽,秀真珠红罗襦一。"

---

① 汪宁生:《铜鼓与"夸富宴"》,《庆祝苏秉琦考古五十五年论文集》,北京:文物出版社,1989年,第466~472页。
② 徐坚:《跨越边界:铜鼓民族考古学的三个范式》,《学术月刊》2013年第12期,第133~140页。

由此可见，铜鼓正是因为象征着权力和财富，所以被掌握在少数首领和贵族手中。但到了麻江型铜鼓时期，铁器早已沿用了数百年，大多数金属器具不再使用青铜合金，铜也不再贵重，铜鼓失去了礼器的作用，成为一般的民间乐器，铸造的数量也大大增加。加之南宋之后元明清几朝中央政府对西南地区管控愈加严格，改土归流政策使少数民族首领失去了世代承袭的官爵，铜鼓不再对他们有权力象征作用，铜鼓也从社会上层走向了民间。

实际上在今天的民间社会，铜鼓仍然部分延续了历史上那种地位与财富的象征功能。在广西边远山村使用铜鼓的民族中，持鼓多者地位崇高这一观念仍然为群众所信奉。东兰县兰阳村的壮族老人韦万义不仅收藏了十八面铜鼓，而且对民间铜鼓文化有很深的认识，方圆百里的人们对他极为敬重，称其为"长老"。大凡是民间事宜，都请韦老到蚂蚜亭商议。每逢蚂蚜节或外出参加打铜鼓活动，人们均推举他当头人，开鼓祭鼓均由他主持[①]（图二七）。

图二七　家中收藏了十八面铜鼓的壮族老人韦万义

（采自李桐《传承》，第 44 页）

6. 明器和葬具功能

由于铜鼓象征着权力和财富，所以往往少数民族首领和贵族在下葬时会使

[①] 李桐：《传承——图说原野中的铜鼓》，南宁：广西民族出版社，2015 年，第 43～44 页。

用铜鼓陪葬，如云南楚雄万家坝古墓群、祥云大波那木椁铜棺墓、晋宁石寨山古墓群、江川李家山古墓群、广西贵县罗泊湾汉墓、西林普驮汉墓、田东锅盖岭战国墓地、贵州遵义杨粲墓等墓葬均出土有不同类型的铜鼓。而以铜鼓作为葬具的功能，在贵州赫章可乐墓葬和西林普驮汉墓中都出现了铜鼓盛放人骨的情况，但是有这种情况的墓葬很少，普遍都是以铜鼓为明器随葬。

用铜鼓作为收敛尸骨的铜鼓葬是一种独特的埋葬习俗，属于"二次葬"，西林普驮汉墓的发现最为典型。这座墓葬位于驮娘江西南岸西林县八达公社普合大队普驮粮站的一处山坡上，于1972年发现。墓坑平面形状略作圆形，制作不甚规整，直径1.5～1.7米不等，深2米，在距离地表之下0.6米处有一块圆形的石板盖住墓口，石板下面并列排放着十二块大小不等的石条，其下便是四个大小不一的铜鼓。这四件铜鼓相互套合，铜鼓内盛放尸骨和随葬品。随葬品一部分散布在铜鼓四周，一部分置于铜鼓内。骨骸堆放在最内层的铜鼓内，经过鉴定，墓主人为男性。该墓葬共出土器物400余件，主要是铜器和玉石玛瑙器，也有少量的铁器和小股金丝①。据研究，这座墓葬的年代当在西汉中期之前，墓主人是句町族的首领。

第二节　中原地区铜鼎的社会文化功能

1. 食器功能

铜鼎起源于陶鼎，陶鼎又起源于陶釜，中原地区的先民们为了烧火烹煮方便，在陶釜下加上三个支架成为陶鼎，这样就可以在釜底下堆木生火，炊煮食物，十分方便。进入青铜时代后，陶鼎逐渐发展为铜鼎，成为具有炊煮和盛食功能的重要礼器。在商代晚期到西周早期，青铜铸造技术达到顶峰，铜鼎在这一时期已经出现了多种器形，如方鼎、圆鼎、鬲鼎，鼎足也有锥形足、马蹄形足、柱形足、扁足等。这三者一脉相承，并一直有作为食器使用的功能，此外在商代甲骨文描绘饮食的卜辞中曾多次出现鼎形的象形文字。但贵重的铜鼎多为统治阶级或豪门贵族使用，平民百姓仍大多使用陶制或竹木食器，正如王勃《滕王阁序》所谓"闾阎扑地，钟鸣鼎食之家"。

---

① 王克荣、蒋廷瑜：《广西西林县普驮铜鼓墓葬》，《考古》1978年第9期，第43～46页。

2. 象征功能

铜鼎除作为食器的实用功能外，最主要的是象征功能。一方面，铜鼎是国家权力的象征。《史记·卷一·五帝本纪第一》载："获宝鼎，迎日推筴。"又有《卷二十八·封禅书第六》："闻昔泰帝，兴神鼎一，一者一统，天地万物所系终也。黄帝作宝鼎三，象天地人。禹收九牧之金，铸九鼎，皆尝亨鬺上帝鬼神。""黄帝采首山铜，铸鼎于荆山下。鼎既成，有龙垂胡须下迎黄帝。"以上的内容分别为黄帝得宝鼎神书订立历法，太昊有神鼎得以一统天下，黄帝制作象征天地人的三座宝鼎，大禹收天下金属铸造九鼎烹煮牲牢祭祀鬼神，黄帝采铜铸鼎得以飞升等几件事，其中"闻昔泰帝"一段为汉武帝的公卿大夫劝其尊宝鼎时所说。这些事件虽然不免有些夸大其词，但是都表明了三皇五帝时期，鼎已经成为国家权力的象征这样一个事实。张光直先生在其《中国青铜时代》一书中也讲道："九鼎不但是通天权力独占的象征，而且是制作通天工具原料独占的象征。"① 三代之后，鼎依靠其制作复杂，耗材巨大，以及能沟通天人的特殊作用而成为历代君主的定国之宝，获得宝鼎也象征着获得被其他人承认的国家权力。《汉书·卷二十五上·郊祀志第五上》就提到："夏德衰，鼎迁于殷；殷德衰，鼎迁于周；周德衰，鼎迁于秦；秦德衰，宋之社亡，鼎乃沦伏而不见。"这种国家衰亡，宝鼎随之更替的情况主要见于三代，所以如成语"定鼎中原""问鼎中原"等都是指这一时期的事件。秦汉之后，鼎作为国家权力象征的功能逐渐消退，但是仍被视为贵重器物而广泛用于宗庙、祠堂、寺院、道观等处。直至今天，我国在同其他国家及组织进行外交活动时，仍然会选择鼎作为国礼赠送。1995年10月21日，为庆祝联合国成立五十周年，我国于联合国总部向联合国组织赠送"世纪宝鼎"一尊。

3. 明尊卑、立等级的功能

前面提到，鼎在先秦时期只允许统治阶级和贵族使用，一般平民不得拥有，而在统治阶级内部也有等级划分，这种情况在周礼出现之后更为严格，正所谓"刑不上大夫，礼不下庶民"。西周时期统治阶级和贵族共分四等：天子、诸侯、大夫、士，士以下为庶民，周礼便制定了与之相对应的一整套随葬用鼎制度，

---

① 张光直：《中国青铜时代》，北京：生活·读书·新知三联书店，2013年，第495页。

称为列鼎制度,简单来讲就是"天子九鼎八簋,诸侯七鼎六簋,大夫五鼎四簋,士三鼎二簋"。簋是食具,也是礼器,随葬品中往往与鼎成套出现。这种列鼎制度体现了宗法制国家等级森严的情况,鼎在这一时期正是明确尊卑,确立社会等级的工具。周平王东迁之后,周王室对各诸侯国的控制力下降,诸侯王们不再遵从周天子号令,在周礼确定的各种等级制度上也纷纷僭越。例如著名的湖北曾侯乙墓。曾侯乙墓墓主人为曾国国君,曾国也称随国,是汉江以东的诸侯国,国君爵秩早期为伯爵,后期升为侯爵。曾侯乙墓墓中"礼器主要放在中室南部,成组排列,摆列有序,如显示身份等级的九鼎八簋,分类置放,整整齐齐"[①]。又如河南三门峡上村岭虢国太子墓M1052和M2011,前者墓中出土礼器"基本组合为七鼎、六簋、六鬲",后者"共出铜器1626件,其中实用铜礼器的基本组合为七鼎、八簋、八鬲"[②]。可以看到,曾侯乙使用九鼎八簋的天子制度随葬已经超过了其作为诸侯国国君的身份,属于僭越。而三门峡上村岭虢国墓地M1052和M2001两个墓的墓主人均为虢国太子,根据诸侯之嫡子为大夫的规定,两个太子墓的随葬礼器均超过本人身份所限定的数量,亦属于僭越。曾侯乙仅仅是侯爵,同时期几个大的诸侯国国君多为公爵,诸侯以下的大夫、士又纷纷擅自提高自己使用礼器的等级,由此可以推想东周时期王权衰落,诸侯并起的场景,正如孔子所说"礼崩乐坏"。

4. 祭祀功能

先秦时期,国家经常举行各种祭祀活动,铜鼎由于具备了食器功能、象征功能、明尊卑立等级的功能,所以自然就成了盛放祭品的祭器。与墓葬中的列鼎制度相似,统治阶级和贵族在祭祀时使用铜鼎也要遵循一定的制度,即天子用九鼎,第一个鼎盛放牛,称太牢,其余分别为羊、豕、鱼、脂、肠胃、肪、鲜肉、鲜腊;诸侯用七鼎,称大牢,减去鲜肉、鲜腊;大夫用五鼎,称少牢,盛羊、豕、鱼、腊、肤;士用三鼎,盛豕、鱼、腊,也有用一鼎,盛豕。秦汉之后,鼎虽然多用于宗祠、寺庙、道观,但是仍然在各种家族及佛道宗教祭祀活动中扮演相当重要的角色。

---

① 随县擂鼓墩一号墓考古发掘队:《湖北随县曾侯乙墓发掘简报》,《文物》1979年第7期,第6页。
② 河南省文物考古研究所、三门峡市文物工作队:《三门峡虢国墓》,北京:文物出版社,1999年,第378～379页。

第三节　铜鼓与铜鼎的社会文化功能比较

通过对铜鼓和铜鼎的社会文化功能进行分析发现，二者既有相似之处，又各有特点，并且有些特点是随着时间的推移从相同转化到不同。如铜鼓与铜鼎的祖型都是属于炊煮和盛食的陶釜，但在后来的演变中二者出现了分化，早期铜鼓仅有炊具功能，而铜鼎则仅有食器功能。下面本书讨论一下铜鼓和铜鼎的相同之处和不同之处。

1. 相同之处

首先，除了二者都起源于铜釜外，它们还都有宗教祭祀功能。无论是铜鼓用于巫祝活动，还是铜鼎用于祭祀天地，它们都是被统治阶级和贵族用来沟通天人的神器。

其次，二者都是权力和财富的象征。铜鼓和铜鼎均是青铜制品，相对于其他的青铜器具来说，它们体型大，耗材多，工艺复杂，铸造周期长，所以除了拥有权力和财富的统治阶级与贵族能独占以外，平民很难染指。这就表明了只有占有权力和财富的人才能拥有铜鼓和铜鼎，而反过来拥有铜鼓和铜鼎就象征着拥有权力和财富。

最后，二者都可以作为明器随葬。古人一般有"事死如事生"的观念，认为把墓主人阳间喜爱的东西随葬，可以让其在阴间继续使用。而把珍贵的物品放于墓中，也体现了后人对先人的孝顺和敬重。所以铜鼓从诞生之后，历代都有许多墓葬以其作为陪葬品甚至葬具。铜鼎从商代晚期开始一直到两周，常常作为随葬品放在墓中，列鼎制度出现后这种情况更加普遍。

2. 不同之处

首先，铜鼓的众多社会文化功能中，从诞生一直延续到今天的功能是乐器功能，而这种功能铜鼎是不具备的。那么铜鼓由这种乐器属性引发的发送信号、召集人员、指挥军队等功能，铜鼎也都是不具备的。正因为此，在二者都失去权力、财富的象征意义之后，铜鼓借着乐器功能仍然使用至今天，而铜鼎则早早从历史舞台的台前退至幕后。

其次，诞生铜鼎的中原地区，其经济发展好，文化发展快，社会早早就步入了青铜时代，约在公元前2000年就形成了早期国家——夏。无论是传说中的黄帝作鼎、大禹作九鼎，还是殷墟遗址出土的商代后母戊大方鼎以及史籍中记载的周公定鼎洛邑，都证明铜鼎在三代时期集中代表了国家权力。其中周礼还对使用铜鼎的数量作了严格的规定，任何人不得逾越。而西南地区发展较为滞后，始终未能形成形态完整的统一国家，只有大大小小的部落、古国和方国散居于此，铜鼓仅仅是这些松散政体首领们权力和财富的象征。除此之外，首领君长们对拥有铜鼓往往是越多越好，在被缴获、进贡、赏赐时经常一次都是数十面，虽然也体现了拥有铜鼓数量多寡对不同社会等级的划分，但是并没有达到中原地区的制度化水平，而这种制度化，实际上也是社会发展程度和国家统治能力的体现。

最后，铜鼓自诞生后不断向外进行传播，踪迹遍布中国南方和东南亚的绝大多数国家，并且在中国形成了万家坝型、石寨山型等八大类型，在东南亚形成了东山铜鼓等类型，从而构成了一个跨越国界和民族的铜鼓文化圈。而铜鼎从诞生到其逐渐失去象征地位，一直都是仅仅活跃于汉文化核心区，并未对中国的边疆区域有很大影响，更未波及海外，从而也没有形成类似于铜鼓文化圈这样的概念。

由此可以看出，作为中国南方和北方不同政体的权力象征物，铜鼓与铜鼎二者颇有不同之处。分布空间有别，前者根植于西南地区，后者诞生于中原地区；蕴含不同的文化，前者体现了西南地区少数民族的地区文化，后者体现了中原地区汉民族的国家文化；走各自的发展轨迹，前者诞生后一直随民族迁徙向东和向东南传播，形成了自己独特的系统，后者则一直以三代核心地区——中原地区为中心向外辐射传播。二者既有相似点，也有不同点，长时间共存共荣的局面体现了文化的多样性，这种文化的多样性对于今天治理国家也是一个重要的启示。

一个国家，特别是多民族的统一国家，重视各民族文化多样性，尊重和分享各民族的优秀文化，一直是建立和维系这样一个国家的基石。历史上，但凡统治者有尊重各民族平等的态度，国家就会出现各民族欢聚一堂，国家繁荣昌盛的场景，唐太宗李世民主张各民族平等相待，便被各民族人民尊为"天可汗"。但凡统治者歧视其他民族，压榨其他民族，就会激起各民族人民的反抗。辽金统治区汉族人民的反抗、元末大起义、清朝由始至终响彻不绝的"反清复明"都是例子。如今，我国历届政府都奉行各民族同属中华民族大家庭的政策不动摇，建立民族区域自治制度，让少数民族同胞有权力决定本民族内部的事务，尊重各民族的语言、风俗、文字、宗教，尊重文化多样性，尽可能地运用各种方法和技术手段帮助少数民族同胞保护、保存、发展其本民族的优秀文化，发扬光大了民族团结的优秀传统，具有积极的历史意义。

第六章 西江流域铜鼓的纹饰

铜鼓纹饰，是铜鼓上用雕、刻、塑三种方法制作的图案的总称，是先民有意识进行的艺术创作，包含着丰富的文化内涵。铜鼓纹饰是一种视觉化了的艺术语言，它传达了一种主观的精神信息，是民族文化的物质表现，不仅是反映审美，更是解码铜鼓民族精神世界的一把钥匙。

第一节 铜鼓纹饰的文化内涵

铜鼓揭示了百越文化中的图腾崇拜，是青铜文化的活化石。铜鼓纹饰体现了早期人民的自然崇拜对象，太阳、鹭鸟、青蛙等是常见的图腾。这些纹饰反映了古代南方各民族的生活状况和精神世界，与当时人民的生产和生活息息相关，是人们通过对现实生活和思想世界元素的提炼和艺术化而产生的，反映了歌舞、祭祀、生死、生产、生活等方方面面。在创作艺术的过程中，经济、伦理、道德、宗教、审美、传统、世界观等因素对作品的形式、内容、风格和品味产生了深远的影响。形而上的艺术与形而下的社会生活之间是互动的，自然环境和人的禀赋分别以经济和习俗等媒介作用于艺术创造。写实性的纹饰在石寨山铜鼓上尤为突出，到了冷水冲时期，通常为图案化的纹饰，以写实的手法绘制具体图像，包括羽人纹、劳作纹、划船纹、舞蹈纹，其中羽人纹的样式较多，再现了人们生产和生活的场景。铜鼓上的动物纹饰有翔鹭纹、牛纹、鹿纹等。在西江中游地区的三种铜鼓中，灵山型铜鼓的纹饰最为丰富，有虫形纹、蝉纹、花瓣纹、螳螂纹等。

铜鼓是稻作农业文化的产物，所以很多纹饰实际上都与农业有关。如鼓耳多采用禾秆编成的形式，节庆式的赛船，收获节日的轮唱，在丰满的谷仓前欢乐地舞蹈，在舂米的石碓周围有鸡群等。杀人祭祀的场景可能也代表了丰收仪式，因为许多农业民族有杀人祭祀可以保证丰收的信仰。

铜鼓上的纹饰是族群属性最有代表性的元素之一，纹饰是族群的标志，反映了族群多个方面的文化内容，是判定铜鼓族属的直接证据。越南学者阮文好认为，东山铜鼓实际上就是装饰了东山花纹的铜鼓，只有装饰了东山文化花纹的铜鼓才是东山文化铜鼓，有些铜鼓虽然出在东山文化分布区，但纹饰并非东山文化花纹，也并不属于东山文化的遗物。花纹不但可以判定铜鼓的族属，更可以通过纹饰的演变追溯铜鼓的来源。东山文化花纹（东山花纹）包括几何形纹和写实性纹（画纹和图像）两种。几何形纹饰，是由圆、线、点等组成的各种图案，如锯齿纹、栉纹、有切线的圆形、同心圆等，排列成晕或带，装饰在铜器上，这种几何形纹饰可以从东山文化之前的扪丘文化中找到原型。写实性纹饰（画纹和图像）是东山居民习俗、日常生活及居住环境的写实性题材，如集会、舞蹈、斗牛、剽牛等活动，大象、鹿、水牛、青蛙、鹭鸟、海龟、鲨鱼等。几何形纹饰和写实性纹饰两种相互配合，装饰在东山文化铜器上。除了铜鼓，在铜提筒、铜盉、盒、壶、斧、短剑等物上也装饰着同样的图案，成为东山文化的典型特征[①]。

祭祀题材备受重视，有时演化成更意象的形态和深邃的寓意。如翔鹭、牛、砍牛图、船纹或是竞渡图、乐舞图等的结构布局与形态设计都保持着或多或少的层次感，即由生产到生活，由娱乐到仪式，进而由物质世界到精神世界。这也许就是装饰艺术着意转型的真正目的。铜鼓乐声响起之时就是跨越层次、实现愿望和传递心灵寄托之时[②]。

从西周开始到春秋战国，西江地区与中原地区有着文化交流和来往。西江流域青铜文化以引入中原青铜器作为起点，在中原文化的影响下，得以逐渐发展，所以铜鼓的纹饰及其所代表的文化既有对中原的传承，又有浓厚的地方民族特色。通过对铜鼓上的纹饰进行解析，研究纹饰的深层意义和文化内涵，可以了解当时人们的生产生活以及在此基础上的世界观和精神信仰。

下面主要以粤式铜鼓为例，简述几类最有代表性的纹饰。

第二节 太 阳 纹

太阳纹在铜鼓鼓面的正中心，其余的纹饰都是围绕太阳排列，如环绕的鹭

---

① 〔越〕阮文好：《对F·黑格尔铜鼓分类法的几点认识——答复常怀颖博士的提问》，《中国古代铜鼓研究通讯》，2017年，第48～49页。

② 孔义龙、曾美英：《论岭南三种硕形铜鼓的文化内涵》，《中国音乐学》2013年第2期，第50～55页。

鸟、羽人、青蛙等。无太阳不铜鼓,太阳纹是铜鼓纹饰中一定会有的纹饰,是铜鼓上出现最早,且贯穿始终的纹饰。从纹饰布局上看,太阳纹是铜鼓鼓面中心的纹饰,从普遍意义上讲,它是铜鼓完全演变成打击乐器后最早出现的基本纹饰。无论是早期的万家坝型铜鼓、石寨山型铜鼓,还是北流型铜鼓、灵山型铜鼓、冷水冲型铜鼓,或晚期的麻江型铜鼓,各种类型铜鼓的鼓面中心均装饰太阳纹,这似乎是铜鼓铸造艺术中一个永恒不变的法则。太阳纹不仅是铜鼓所有装饰纹样的中心和重心,也是铜鼓作为乐器、礼器及权力重器最具崇拜、信仰及文化意义的标志[①]。

先民往往把那些与人们的生产生活有密切利害关系的宇宙力量和自然造物加以神化和崇拜,而太阳是最具普遍意义的神性存在,比较常见的思想观念是把太阳、降雨、生命循环以及部族兴衰联系在一起,由此形成对太阳的崇拜。壮族和大化、都安的布努瑶称铜鼓为"冉",意为"太阳鼓"。

北齐魏收的《五日》诗云:"因想苍梧郡,兹日祀东君。""东君"即太阳神,地处西江中游的苍梧郡正是古代使用铜鼓的先民的聚居地之一,诗中反应的正是先民祭祀太阳的活动。屈原在《楚辞·离骚》中自称"帝高阳之苗裔";《九歌》中也有楚国人祭祀太阳神东君的内容。太阳崇拜在左江崖壁画中也很常见。覃圣敏等学者认为,左江崖壁画的内容主题中有一部分可能是日、月、星等,并将其与中国少数民族地区类似的原始岩画主题做了对比,这些日月星辰的天体图像,也应是古骆越先民祭祀崇拜的对象。

纵观人类历史,太阳神是人类塑造出来的最早的神。正如太阳照耀万物生长,神话的初始多和太阳有关。因为人们对于光和热的追求,贯穿人类的发展过程,《旧约全书》中认为上帝在火中诞生,很多民族的原始信仰都与太阳或者火有密切联系。南方古代先民有祀日之俗,东南亚古代社会也是崇拜太阳的,使用铜鼓的民族多是流行太阳崇拜的民族。

多数学者认为,铜鼓源自炊器铜釜,早期出土的铜鼓放置方式是倒扣着的。它作为一种做饭的工具,与火有天然的联系,而太阳也是地球上最大的热能来源。最早的太阳纹可以理解为火焰,火焰和太阳一样,是铜鼓使用民族心中能量的源头,是光与热的中心。人们崇拜太阳,因为太阳是万物生长的能量之源。

除此之外,铜鼓作为一种乐器,太阳纹与周围的晕圈相配合,像声波的扩散,就如石头落在水中的涟漪。

[①] 龙存倪:《铜鼓鼓面中心太阳纹的演变》,《铜鼓和青铜文化的新探索———中国南方及东亚地区古代铜鼓和青铜文化第二次国际学术讨论会论文集》,南宁:广西民族出版社,1993年。

在壮族布洛陀神话中，常将铜鼓比做地上的"星星"。星星也是天上的发光体，最初的铜鼓上也是火星纹。通过布洛陀经诗我们看到，在使用铜鼓的先民心中，天上是布洛陀居住的地方，是太阳和星星居住的地方，是神圣的，而地上很多地方是阴暗的，魔鬼横行，所以需要借助天上的力量，让星星下来陪伴黑夜，让地上的阴暗角落光明起来，于是有了铜鼓。他们将铜鼓比喻为星星，寓意人间有了铜鼓（星星），也便具有了像天一样的某种神圣之力。布洛陀经诗之所以不将铜鼓比喻为太阳，可能与古人心中太阳的超常神圣性和唯一性有关。

因为太阳是地球上万物生长的能量之源，故鼓面中心的太阳纹就是一种永恒不变的存在，具有太阳神崇拜、热能、光能、火、天地等多重意义的象征。

除了装饰之外，太阳纹还有实用功能。因鼓面的中心是敲击的主要部位，太阳纹突出厚实，不但声音易传，而且有利于在重槌常年敲击之下，防止破裂和塌陷。

万家坝型铜鼓的太阳纹，最初只是一块突出的圆饼，可能是铸造铜鼓时候以此作为浇注口形成的。随着铜鼓铸造技术的发展，从石寨山型铜鼓开始，增加了角形或针形的光芒和弧线组成的晕圈，逐步形成太阳纹的较为完整的形象。铜鼓在发展过程中，太阳纹从无到有，芒数是逐渐增加的。现在所见，多为八至十六芒不等，但最为普遍的是十二芒，多见于石寨山型、冷水冲型及麻江型铜鼓（图二八~图三〇）。

图二八　铜鼓太阳纹

第六章　西江流域铜鼓的纹饰

图二九　铜鼓鼓面太阳纹

图三〇　太阳纹特写

第三节　翔　鹭　纹

　　翔鹭纹和太阳纹一样，是铜鼓上最重要的纹饰之一。早期铜鼓都是有写实具象的翔鹭纹，到了冷水冲时期，翔鹭纹抽象化为一种几何图案。翔鹭纹具有丰富的内涵，"饰鼓以鹭，存其风流"，这应该是当时比较流行的一种观念。鼓与鹭鸟的渊源匪浅，从中原到楚地，都有鹭和鼓的记载。《隋书·乐志》曰："建鼓，殷所作。又栖翔鹭於其上，不知何代所加。或曰，鹄也，取其声扬而远闻。或曰，鹭，鼓精也。或曰，皆非也。"《诗云》："振振鹭，鹭于飞。鼓咽咽，醉言归。"孔颖达曰："楚威王时，有朱鹭合沓飞翔而来舞，旧鼓吹《朱鹭曲》是也。"谭苍醒酬云："汉初有朱鹭之瑞，故以鹭形饰鼓，又以朱鹭名鼓吹曲也。"综合古书记载，用鹭鸟装饰鼓，是一种源远流长的传统。或者因为鹭鸟声音高远，响彻云霄，如鼓声阵阵，震彻行云的感觉相近。或者鹭鸟的声音接近天雷，而天上的雷与地上的鼓，声音有相似之处。

鹭，属鹤科目，生活在多水的地区，在南方的湖沼和稻田中常能见到，以鱼虾为食，嘴很长很尖，善于捕捉水中的鱼类等动物。将鹭鸟装饰在铜鼓上，也被视为渔猎民族的需要，在岭南地区，江河湖泊上的渔民众多，捕捞是重要生业方式之一，鹭鸟的形象大概用来表示这种满载渔获而归的喜悦之情。西江流域水系众多，当时的俚、僚、乌浒有捕鱼、采集珍珠的生产活动，很容易对可以在水中捕鱼亦可以在天空翱翔的白色鹭鸟产生崇拜心理。

有些地方认为鹭鸟能够沟通幽冥，在以渔猎、稻作为主要生产方式的少数民族心中具有图腾崇拜的含义。"天命玄鸟，降而生商"，这是《诗经》所反映的上古商族鸟信仰的反映。有些民族认为神鸟能赐生，也有收回生命的能力。天和地，死和生，鸟在中间是看得见的使者。铜鼓是西江少数民族的神物，鹭鸟经常作为主纹出现，如果他们确有作为崇拜对象的神鸟，那就是鹭鸟。壮族始祖"布洛陀"与四种发音相近，其中一个发音的含义为"鸟的首领"。此外还有别的称谓如"第一祖父""造天地的祖父"等，蕴藏着壮族"鸟—先祖"的文化意蕴。这与"冶鸟"为越人之祖互为印证。《搜神记》中说，"此鸟白日见其形，是鸟也；夜听其鸣，亦鸟也；时有观乐者，便作人形，长三尺，至涧中取石蟹。"传说冶鸟是一种青色的鸟，在越地的深山中生活，是"越祝"的祖先。

《诗经·陈风》描写了在宛丘集会上，青年男女手执鹭鸟的羽毛随着鼓与缶的音乐节奏歌舞的情景。这种舞蹈同样是鹭鸟崇拜的产物，祈求鹭鸟的灵性、生殖力等，原始先民相信舞蹈可以感动生育神而获得它的护佑。

壮族地区流传着以鸡（鸟）为对象的舞蹈"舞雄鸡"，主要流行于桂西壮族地区。春节之时，舞鸡走村串户，主人家一般热情款待，送上"封包"，然后拔取两三根鸡毛插在家中的鸡笼上，以祈祷六畜兴旺。壮族百姓在祭祀布洛陀的时候，供品中必须要有一只白公鸡和一只红公鸡，鸡也属于禽鸟类，体现了鸟类在这些地区人们心中的特殊地位。

《逸周书》里提到岭南部族向商周王朝敬献"菌鹤"，《南越笔记》提到"水鹤"，此"鹤"应该都是指鹭鸟。大家相信鹭鸟"性通风雨"，可以预测天气。铜鼓上装饰鹭鸟，与观察天气、求雨有关，这也是鹭鸟崇拜的体现。《广东新语》称："南方之鹤皆灰色，白者则小，去顶二寸许毛始丹，亦能鸣舞。有水鹤,亦小,状类白鹭。其性通风雨,有风雨则鸣而上山,否则鸣而下海,寻常多在榕树。广人以其顶丹可贵,故曰丹歌。有诗:'丹歌时引舞。'"因为鹭鸟的这些特性,在江河湖畔生活的古代民族十分珍爱它,并把它作为珍贵的地方特产贡献给中原王朝的帝王。

翔鹭纹多见于铜鼓的鼓面,环列围绕太阳逆时针飞行,表现出对太阳与鸟的崇拜。翔鹭有时也装饰在鼓腰上。贵县罗泊湾铜鼓腰部的图案是羽人舞蹈图,而衔鱼的鹭鸟飞翔在跳舞羽人的头顶之上。这种飞鹭伴舞的图像也出现在其他一些铜鼓上。翔鹭伴舞这种元素在我国中原地区也存在,舞人戴羽冠,披羽饰,似乎把人本身也装扮成飞翔的鹭鸟。另外铜鼓上的船纹在船的头和尾装饰了鸟头和鸟尾,船上画满了羽人。在广西左江的崖画中也有这种翔鹭。在历史中,左江流域的崖洞葬中使用的木棺也常见鸟形,都是把鹭鸟当作崇拜的对象。

变形翔鹭纹由写实翔鹭纹抽象而来。鹭鸟最开始被这样刻画:长而尖的嘴部,头上顶着细羽冠,圆眼,三角形窄翅,翅膀平展,尾部呈优美的扇形。有的鹭鸟喙端下面挂食囊,细长颈,尖细喙角,从尾翼拖出的细长足,简练逼真,非常具有南方特色。铜鼓上所绘制的翔鹭数目并不固定,以4只为多见,其次是6只,也有8只、10只、14只、16只、18只、20只的。老挝的一面铜鼓有翔鹭40只,这是迄今发现的翔鹭最多的一面铜鼓。另外,铜鼓上的翔鹭几乎都是偶数,都是逆时针围绕着太阳飞翔。在道教文化中,偶数为阳,与天有关。同一面铜鼓上的翔鹭是完全相同的,应为一个印模制成。那些偶尔出现奇数的铜鼓,也许是计算误差导致。具象写实的翔鹭纹在冷水冲型铜鼓上开始变形转化,慢慢抽象为几何形图(图三一~图三三)。

图三一　铜鼓上的各类翔鹭纹

图三二　鼓面上的翔鹭纹

图三三　鼓身上的翔鹭纹

第四节　羽　人　纹

羽人形象表示对长生的崇拜。《楚辞·远游》称："仍羽人於丹丘兮，留不死之旧乡。"羽人最早出现在《山海经》中，称为羽民，后来的文献中皆把羽人与仙人联系起来，也是长寿的象征。王充称，"身生羽翼，变化飞行，失人之体，更受（爱）异形。"张华说，"体生毛，臂变为翼，行于云。"道教将道士称为羽士，将成仙称为羽化登升。秦汉时期盛行修仙，人们渴望跨越死亡，实现去另一个世界永生的愿望，羽人因身有羽翼能飞，飞到天上的另一个更高级的世界等于不死，汉代墓室的壁画上有很多表现升仙的场景，羽人引导的乘龙飞升图是比较著名的主题。

汉代祭祀礼仪中，往往同时使用文舞和武舞，此俗本源自先秦时代，它一是出于歌颂皇祖文治武功的需要，二是为了请神、娱神、礼神。文舞是舞人执羽而舞，武舞是舞人武干戚。这在西南民族的早期铜鼓纹饰和左江崖壁画的主题中可以说是得到了印证，左江崖壁画中也兼有部分执戈或执羽或头戴羽饰的舞人。

在岭南地区，羽人纹可能表示了对鸟的图腾崇拜，和翔鹭纹也有一定关联。翔鹭纹体现了铜鼓使用民族对鹭鸟的崇拜，从而希望利用羽饰使人拥有和鹭鸟一样的神力，如希望拥有飞翔的力量、猎捕的力量、知云雨自然之奥秘的力量。另外，百越人对鸟的崇拜，在民间传说中常常演绎出人鸟结婚的传说，说鸟本来就是仙女，天帝的女儿，和人结婚，当然就是和人有血缘关系，这是图腾崇拜的直接体现。

羽人可能是进行祭祀活动的巫者，在铜鼓纹饰中，羽人们站在船上，头部的饰羽是原始宗教仪式中常见的装饰之一。古时候尊长、祭师在头上插上羽毛作为权力的标志，铜鼓上的羽人形象也是如此。据《武陵竞渡略》等史料记载，羽人为巫者，姿态纤美优雅，是部落中已经脱离体力劳动的拥有沟通灵力的巫祝阶层。竞渡起源于水上祭祀仪式，竞渡者头戴羽冠是一种祭祀的礼仪，这是对古代铜鼓纹饰中羽人饰羽的一种解释。广西左江崖画所表现众多的巫者中，作为巫觋的领祭者的羽饰与铜鼓中的羽人羽饰相同。云南德宏地区的景颇人在祭祀社神、地鬼、日月鬼时，领祭领舞人最主要的标志也就是头戴一顶装饰着犀鸟和羽毛的"犀鸟冠"。左右江和红水河流域的壮族祭师，在从事宗教活动的时候仍然头插羽毛，象征着他们具有神灵赋予的能力。

羽人形象的纹饰在铜鼓中很常见，他们头戴羽冠，通常是在划船或者跳舞。跳舞的羽人，戴羽冠，披羽饰，像鸟一样张开双臂舞蹈。羽人通常装饰在鼓腰，分为人舞、武舞和文舞。铜鼓的发展过程中，图案是由具象发展到抽象，而羽人元素进入冷水冲型铜鼓时期之后，就抽象成为羽冠，进入抽象阶段之后的铜鼓纹饰的整体排列变得繁密。

羽人纹与变形羽人纹大量出现在多种类型的铜鼓上。石寨山型铜鼓上羽人形象已经很常见，例如贵港罗泊湾1号墓出土的石寨山型铜鼓，鼓腰就环列有一圈羽人纹，西林县铜鼓墓出土的石寨山铜鼓上也见有典型的变形羽人纹。

就冷水冲型和灵山型铜鼓而言，羽人纹与变形羽人纹在纹饰中占据特别重要的位置。羽人头饰羽毛、羽冠，身披羽衣，衣服上有着夸张的羽尾等，姿态比较优美,仰望天空。变形羽人纹由同心圆(象征头部),加向后飘扬的线条(头部羽饰),以及身后飘扬多条直线或者折线(身上的羽饰)构成。元素经过抽象之后很简单,圆圈(头)、系列竖向线条(身)与系列横向线条(羽)(图三四)。

图三四 羽人纹

第五节 船 纹

　　船纹是铜鼓中刻画生动而复杂的重要图案之一,常出现在铜鼓胸、腰部,除单纯船纹外,还有划船纹、载运物品的船只等,多伴有水波纹。船纹和变形船纹从铜鼓产生早期一直到冷水冲时期一直作为必要元素存在,冷水冲时期的船纹演化为抽象的圆点圆圈纹、水波纹、船纹。到了北流型和灵山型时期,船纹就不是很常见了,但是水波纹在北流型和灵山型铜鼓上作为一种相关元素常有出现。船离不开水,所以水波纹实际上是延续了船纹的含义,都代表着西江流域人民在和水打交道过程中的一种独特文化。

　　竞渡是最有代表性的船纹纹饰。在今天的西江中游梧州等地区,龙舟竞渡依然每年都会在西江河道上举行。这项活动在古时候具有祭祀水神的含义,包括祭祀死者亡灵、消除灾难、保佑收成等。一般认为,船纹实际上体现的就是岭南地区少数民族"竞渡"的传统。竞渡是很古老的一项活动,其发源应该是当时的近水民族为祈求水神保护而进行的祭祀活动。春秋战国秦汉时期,这种活动规模越来越大,成为一项系统而隆重的祭祀行为,隆重到人们要把这项活动镌刻在用于祭祀的神器铜鼓之上。龙舟竞渡作为一种民间体育活动,现在依然流行于西江流域很多地区(图三五、图三六)。

第六章　西江流域铜鼓的纹饰

图三五　羽人划船纹

图三六　铜鼓鼓身上的羽人竞渡纹

西江流域民族进行水上祭祀活动与他们的特殊的生活处境息息相关。近水的先民依靠水产捕捞生活，也以各类水害为患。无论是舟行水上，还是人潜水中，危险性都是时时存在的。生活在西江流域的俚人、僚人和乌浒，常需要下水捕鱼、采珠等，以维持生计。当时的人们应对自然的能力很低，除了洪水泛滥，毒蛇、猛兽、鳄鱼都会威胁人们的生命安全，百姓常常居无定所。《说苑·奉使》载："（越人）剪发文身，灿烂成章，以象龙子者，将避水神也。"因此，纹身之后使自己的身体像水生动物（如鳞片和青色），是越人"避水神"和"防蛟龙"的办法之一。所谓"蛟龙"，应该是指一些巨大的鱼类、鳄鱼、水蛇等。在当时的自然条件下，人们在水上进行捕捞活动的处境是很危险的。这些水中的生物对劳动者的生命构成巨大威胁，人们每一次下水都会害怕遇到它们，因此慢慢在畏惧中将它们神化，进行祭祀，祈求它们不加害于人。此外，古代西江流域的先民从小在水边水上生活，擅长水斗，善于制作舟船，使用舟船，但是水的世界比陆地世界更加险恶，旋涡急流也时常打翻小船。为保障生产生活的顺利和人身的安全，祭祀水神是人们十分重视的活动。

在石寨山型铜鼓中，船纹中常出现羽幢、准幢、栅台、鼓乐、尊壶等，根据铜鼓图案和文字记载，我们知道竞渡祭祀水神活动中铜鼓、准幢等物是不可或缺的器具。"竞渡"在演变为单纯的民俗性质的体育赛事之前，是有着浓重的祭祀意义的。铜鼓作为一种地方神器，上面所镌刻的通常都是具有神圣意义的图案，所以船纹的祭祀意义不容忽视。

早期石寨山铜鼓上的船纹，船员们在船上有各种分工，如划船、击鼓、进攻等。除此之外，许多铜鼓船纹的周围上下，往往还有水鸟、大鱼以及水牛等动物，这些动物均与岭南古族的水上祭祀活动有关。

船纹在抽象化之前通常在船头画一个像鸟眼睛的圆圈，并且装饰羽毛，这种船应是古籍记载的"鹢首舟"，即在船头雕刻鳄鱼、蛇、鸟头等，保护航海安全。1984年广州南越王墓的铜筒图案中悬挂人头的船，和铜鼓中的图案很像，这一图案应与古代越、濮民族的猎首杀人的祭祀活动有关。后来的俚、僚、乌浒也有猎杀人的记载。可推断船首悬挂人头行驶，是为了祭祀江河水神。

在船纹图案中，通常会见到羽人执斧砍伐、持矛欲刺等状，都是为了和水神交流，达到祭祀的目的。江西《金溪县志》载，金溪地区端午节竞渡时有"迎鬼船"活动，"鬼船用七人，皆彼朱文，一人三头六臂，秉斧镇于前，一人居中，位最高，金冠赤面，其次二人并立，青面秃角，目光如炬，各执色旗……"在一些铜鼓船纹中，可见到羽人在祭祀过程中手持斧锥砍杀或擒拿人牲的场面。越人杀人祭祀风俗延续到明代，如邝露《赤雅》卷下桂林竞渡条载："舟高十余丈，左右衣白者数人……各执利兵，旁置弓弩，遇仇敌，不反兵，胜则枭而悬之，铙歌合舞……有司不敢诘。"

另外，在越文化中船纹与死亡世界也是有联系的。罗泊湾一、二号汉墓，仿中原汉制下葬，但是具有汉、越文化融合的明显特征。首先，墓主棺椁属于楚文化因素，但其殉葬棺却体现了地方土著越人的习俗，一号汉墓7具殉葬人棺木中，有4具为圆形的独木船棺。独木船棺是典型的骆越人葬俗。长沙战国楚墓的帛画也见有"人驭龙舟升仙"的形象。

在1984年广州南越王墓出土的一件铜筒上也有类似的船纹。在一条船中，羽人划船扶幢，船头悬挂一颗人头。这一图案应与古代越、濮民族的猎首杀人的祭祀活动有关，越、濮的后裔俚、僚、乌浒也有猎杀人的记载，这是一种有所传承的祭祀压胜行为。

第六节　蛙饰和蛙纹

蛙元素的正式出现，是从西江流域的冷水冲型铜鼓开始的，冷水冲型铜鼓、北流型铜鼓、灵山型铜鼓，都有青蛙塑像，这与西江流域中段桂东粤西的蛙崇拜密切相关。后来的西盟型铜鼓也出现了青蛙。蛙饰和蛙纹是粤式铜鼓的一个典型特征（图三七）。

图三七　鼓面上的蛙纹

同时期的越南东山铜鼓上面也有青蛙，表达了相同的主题。但部分越南考古学家，如范辉通，有不同的解读。他认为那种塑像其实并不是青蛙，而是蟾蜍。在越南有个众所周知的说法，称蟾蜍为"天神的舅舅"，并认为当蟾蜍抬头和鸣叫时天就一定会下雨。把蟾蜍当作青蛙，一定是错了[①]。这是部分越南学者的一家之言。主要依据来自于不同的民间信仰。在西江流域壮族地区，普遍流行蛙神（蚂𧊅）崇拜，鼓上的蛙饰为青蛙无疑。

蛙纹铜鼓形式多样，制作工艺精美。虽然北流型、灵山型、冷水冲型这三类铜鼓鼓面都有青蛙塑像，但造型和塑造工艺并不相同。其中以冷水冲型铜鼓的青蛙塑像最为精致，每面铜鼓立四只青蛙，蛙体硕大，四足挺立，空身扁腹，两眼圆突，身披辫形纹带。北流型铜鼓的青蛙塑像多是朴素无装饰的小青蛙，一般每只铜鼓边缘站立四只，少数鼓面有六只，这些青蛙样子很简洁，线条洗练，背部没有纹饰（图三八）。灵山型铜鼓的青蛙塑像多数为六组，三只单体蛙

---

① 〔越〕范辉通、谢兆崇：《越南的东山铜鼓》，《中国古代铜鼓研究通讯》1995 年第 11 期，第 22 页。

和三组累蹲蛙间隔。这些青蛙都是三足蛙,背部装饰瓣纹、同心圆纹等,臀部装饰螺旋纹,造型肥大。其中累蹲蛙较为特别,可能反映了大自然中体态硕大的母蛙(下)与体态较小的公蛙(上)抱对交媾的现象,表达了祈求繁衍生息之意。累蹲蛙基本上都是上下两蛙,极个别也有三蛙累蹲者,在缅甸、老挝均有发现(图三九、图四〇)。

图三八　鼓面上的单蛙

图三九　累蹲蛙(1)　　　　　　　图四〇　累蹲蛙(2)

唐刘恂《岭表录异》中记载:"有乡野小儿,因牧牛,闻田中有蛤鸣,牧童遂捕之。蛤跃入一穴,遂掘之。深大,即蛮酋冢也。蛤乃无踪。穴中得一铜鼓,其色翠绿,土蚀数处损厥,其上隐起,多铸蛙龟之状,疑其鸣蛤,即铜鼓精也。遂状其缘由,纳于广帅,悬于武库,今尚存焉。蛙铸于铜鼓,是鼓之精,谓神之至灵也。"可见时人认为蛙是铜鼓之精,即灵魂之所在。云南傣族称铜鼓为"虾蟆鼓",佤族称铜鼓为"蛙鼓",缅甸人称为"巴济",也是"蛙鼓"的意思。泰国则把铜鼓称为"金线蛙锣"。宋范成大《桂海虞衡志·志器》有云:"铜鼓,……满鼓皆细花纹,极工致,四角有小蟾蜍,两人异行,以手拊之,声全似鼓。"明代邝露《赤雅》亦有"锦纹精古,翡翠焕发,鼓面环绕作蛙龟十数,昂首欲跳"的描述。蛙纹铜鼓是壮瑶先民智慧和才华的沉淀，体现着浓厚的崇蛙文化。青蛙是人们崇拜的对象，是农作物的保护神，这些民族都认为青蛙是铜鼓之精灵。

蛙神主题，就目前所见考古资料，最早出现在广西恭城秧家古墓葬所出的春秋晚期蛇、蛙纹铜尊。蛇、蛙崇拜的艺术形式，在滇、桂、粤地区与越南北部的青铜文化中有突出反映。云南石寨山青铜器中就见有许多蛇、蛙形母题，数量最多的滇式剑就俗称"蛇首剑"。石寨山错金剑鞘也见有蛇、蛙形装饰主题。蛇、蛙既是图腾徽识，也是一种护符。在大范围内发现这种符号，表明中国南方和东亚南地区民族之间彼此关系密切，文化交流频繁，宗教观念也互相影响。考古发现表明，在距今 6000～3500 年，环珠江口地区的史前陶器彩绘图案上就出现了蛙、蛇的图腾主题形象。先秦两汉时期，滇、桂、越地区的青铜礼器和铜鼓上都见有蛙神形象（图四一）。广西左江花山壁画中的骆越人持兵器舞蹈的形状都作模仿蛙之形状，旁击铜鼓，场面热烈，这实际上也是通过歌舞形式来进行蛙崇拜的行为。

图四一　鼓面上的蛙饰、钱纹与云纹

西江流域的蛙崇拜和蛙传说一直流传到现在。现在部分壮族和瑶族依然过"蚂蚜节"。"蚂蚜节"将祭祀蛙神和祭拜铜鼓结合在一起，表现了蛙神征战击败瘟疫恶灵和进行农业活动的过程。在"蚂蚜节"的集体祭祀仪式中，人们正是基于将铜鼓作为雷神的象征的信念,将铜鼓陈列在青蛙祭台旁的显要位置,首先由"卜"同时向青蛙和铜鼓虔诚敬酒,让它们一道接受祭礼,然后才进行其他仪式。跳蚂蜗舞时,也必定安排在铜鼓与青蛙面前举行。在安置好"蚂轿"后,在轿前悬挂两面大铜鼓,才在它们的正前方跳起歌颂青蛙和拜祭铜鼓的舞蹈。葬蛙环节人们所唱的歌歌词如下:"腊月涮铜鼓,正月孝神蛙,感谢古时人,兴着孝神蛙。古人做得对,代代传下来,到我这辈人,乐得孝神蛙。天下树有根,地上水有源,说起孝神蛙,更是有来源。说来根底长,数来源流远,说到布洛陀,数到姆六甲,才对它有根,才中它的源。"可见蛙神崇拜的历史是非常久远的,要"说到布洛陀,数到姆六甲",这说明壮族和瑶族的先民可能在原始社会就有了崇拜青蛙的观念。

从事农耕的西江流域先民认为,对蛙的崇拜可以使他们与自然更好地沟通相处,与自然和谐共处才能实现家庭和民族的昌盛。所以他们将图腾青蛙铸上铜鼓,青蛙的灵力和铜鼓的灵力合而为一,以通天地,保丰收。

蛙图腾信仰的产生,与极需要水热条件的稻作农业生产方式有很大关系。蛙鸣水至会解除旱情,水稻生产丰收在望。从民族志看出,东亚南部许多土著农业民族崇拜蛙的观念主要还是出于祈雨的目的。青蛙和雨水的关系很密切,雨天青蛙的叫声和晴天青蛙的叫声是不同的,这让人们相信青蛙通灵风雨,它们就像可以操控雨水的上天使者。现代壮族民间青蛙节(蚂蜗节)的主要目的也是祈求风调雨顺,五谷丰登。这种以青蛙、蛤蟆为祈雨道具的祭祀,中原地区也有,如董仲舒《春秋繁露·求雨》就记载了类似的求雨法,即用蛤蟆置于方池中做祈雨神物。《春秋繁露》叙述了许多求雨的阴阳感应类的巫术,如其中的《同类相动》篇:"美事召美事……类之相应而起也,如马鸣则马应之……天有阴阳,人亦有阴阳,天地之阴气起,而人之阴气应之而起,人之阴气起,天地之阴气亦宜应之而起,其首一也。明于此者,欲致雨,则动阴以起阴;欲止雨,则动阳以起阳。故致雨,非神也。"再如左江崖画的人物形象,基本上都是蛙型,模仿青蛙的形态动作以达到与神通沟通而祈求雨水。蒋廷瑜先生认为,铜鼓饰青蛙与祈雨有关。青蛙在东南亚古老民族心目中,是可以召唤雨水的神秘动物。所以,青蛙受到许多民族的重视,有的甚至把它视为自己的图腾来崇拜[①]。

西江流域的百姓以种植水稻为主,仰仗天气吃饭,西江流域又多雷雨,居

---

① 蒋廷瑜:《古代铜鼓通论》,北京:紫禁城出版社,1999年,第165页。

住在这里的壮瑶先民把青蛙视为雷神之子（有的地方称作雷婆之女），有"青蛙叫，大雨到"的民间谚语。人们认为天上有雷神存在，并且相信雷神能辨别人间善恶，能呼风唤雨，人们把雷神与布洛陀和姆六甲视为三大主神。周去非《岭外代答》记载："敬事雷神，谓之天神，其祭曰祭天。盖雷洲有雷庙，威灵甚盛，一路之民敬之。钦人尤畏。圃中一木枯死，野外片地草木萎死，悉曰天神降也，许祭天以禳之。苟雷震其地，则又甚也。其祭之也，六畜必具，多至百牲。祭之必三年；初年薄祭，中年稍丰，末年丰祭，每祭，则养牲三年而后克盛祭。其祭也极谨，虽同里巷，亦有惧心，一或不祭，而家偶有疾病官事，则邻里亲戚众忧之，以为天神实为之灾。"人们发现青蛙在晴天和雨天叫声的不同，会以为雷雨是青蛙和上天沟通来的，"农家无五行，水旱卜蛙声"，先民因此将蛙和雷人格化，想象中青蛙是雷神的子女，雷神是人间雨水的掌管者，慢慢人们相信了这个想象——即青蛙是沟通人与雷神的使者。

红水河沿岸的合山一带有一个关于蛤蟆的传说，讲的是月宫中的蟾蜍之子蛤水，在人间报恩，伏魔降妖，救旱灾，吸洪水的故事。这个故事体现出西江沿岸民族将蛙作为保护神，认为只要有了蛙，一切困难皆可以解决。另外，在田阳县敢壮山岩洞的石柱上刻有蛙纹，洞里的石块刻有雷纹，蛙纹和雷纹都是古壮族的图腾。

现在依然在使用铜鼓的壮族、瑶族等少数民族，使用铜鼓时通常有"雌雄鼓"之分，认为铜鼓和人、动物一样有公母之别。最早提到铜鼓分雌雄的记载是明人邝露的《赤雅》卷下："伏波铜鼓……东粤二鼓，高广倍之，雌雄互应。"清屈大均《广东新语》："粤之俗，凡遇佳礼，必用铜鼓以节乐，击时先雄后雌，宫呼商应，二响循环，音绝可听。"在人们看来，有雌雄、阴阳，就有生生不息的绵延繁衍之意。这样的观点也体现在铜鼓表面的青蛙塑像上，青蛙在春天集中交媾，然后产卵众多，体现了人们对其繁衍能力的崇拜。在灵山型铜鼓上，几乎都塑有累蹲蛙，而在冷水冲型铜鼓和北流型铜鼓上也偶见累蹲蛙，累蹲蛙象征着阴阳交合，意味着丰产多子。壮族远古时代有食人之俗，食人之俗与生育神雷王有着内在联系，所以后世老人死时要请巫师跳"雷鼓舞"。

铜鼓分为雌雄两性具有明显的生殖意义。持钗女子击打高大的雌鼓，为的是增强女子的生殖能力，从而使部族人丁兴旺。把铜鼓埋入土中，汲取大地母亲的生殖力，本质上也是祈求丰产的仪式，同时与青蛙的冬眠习性有一定的关系。在古人看来，青蛙一年一度的冬眠是为了从土地中吸取到生殖的灵力，于是人们也让铜鼓在土中汲取大地的生殖力量。灵山型铜鼓中的三足蛙，蛙的背部饰有辫纹、同心圆纹以及复线半圆纹，臀部螺旋纹，整体敦实，造型很美。关于三足蛙，其原型应为中原文化中的"三足金蟾"，三足金蟾在汉地也被视为祥瑞之物，象征着吉祥、财富和尊贵。将三足蛙塑在铜鼓上，体现了人们对财富和丰产的追求。

累蹲蛙也直白地表达了生殖崇拜的含义。累蹲蛙就是大蛙背上再饰铸一小蛙。在青蛙王国里，大蛙是雌蛙，小蛙是雄蛙。每年春夏之交是青蛙的生殖时期，人们可以在近水边的草丛中看到雄蛙伏于雌蛙背上完成产卵排精过程。从这一意义上看，青蛙还是生命力旺盛的象征，蛙饰代表着生命的繁衍，尤其饰铸累蹲蛙更是一种生殖崇拜，象征着部族生命的生生不息。

在壮族民众的心中，青蛙是保佑家族昌盛、庄稼丰收的神，在蚂蚜节的游蛙过程中，歌里唱的都是关于瓜果丰收、禽畜多产、五谷丰登、金钱如意等祝词，非常明确体现了人们对丰收多产的渴望。

另外，蛙卜也体现了这一点。铜鼓使用地区过青蛙节的民族以蚂蚜节所葬之蛙第二年骨头的颜色占卜收成的好坏，白色和黄色预示丰收，灰色或黑色则要警惕旱涝和虫灾，这也体现了青蛙与丰产的内在关系。

西江流域的部分壮族和瑶族还会在其他重要节日演出"蛙舞"，通过对青蛙动作和习性的模仿，获得青蛙的灵力，达到与蛙同样的生殖和繁衍能力，使得族群繁荣昌盛。

在越族地区的传统文化中，蛙与力量和权力也有关系。《韩非子·内储说上》记载："越王虑伐吴，欲人之轻死也，出见怒蛙，乃之为式。从者曰：'奚敬于此？'王曰：'为其有气故也。'"因此，在古越人的心目中，神蛙也是护符，可以避兵祸。《太平御览》卷九四九引《文子》载："蟾蜍（蛙）避兵，寿在五月望。"所以，越人在歌舞中持兵器做仿蛙之相，都是具有厌胜避邪的用意。青蛙鸣叫起来声音很大，雷雨之前众蛙齐鸣的声音，即使距离很远也能听到，说明其声音的力量之大。青蛙声远，故放铜鼓上也有借青蛙之力使铜鼓的声音具有更加震慑人心的力量的意义。

广西武宣县城出土的一面冷水冲铜鼓上面有四只大青蛙和一张方桌，桌面四角各有一只面向中心的小青蛙，这四只小青蛙做奋力鼓动的姿态。在方桌另一侧，并排站着两个人，其中一人背着小孩，他们也把视线投向桌面，似乎聚精会神的观赏青蛙斗架。可见，青蛙在普通民众心中也代表着一种战斗性的力量。人们认为，拥有越多的青蛙就拥有越大的超自然力来与大自然抗争。

有这样一个壮族传说。很久以前，雷王定下规矩，青年人要吃掉死去的老人，有一户人家不忍食母，杀牛代替，雷王派儿子青蛙去调查此事，结果青蛙被人抓住，无奈之下被迫告诉人们雷王之所以本事大，是因为有铜鼓，铜鼓之所以有力量，因为上面有青蛙。于是人们造一大铜鼓，铸六蛙。当雷王击打铜鼓前来处罚时，人们擂铜鼓与雷王战斗。由于人的铜鼓比雷王的铜鼓多两蛙，于是战胜雷王。直到现在，壮族百姓老人去世的时候，有些地方还会请来巫师跳"雷鼓舞"，一边跳舞一边念经文。

对蛙的崇拜和对铜鼓的崇拜结合起来，使铜鼓和蛙的力量都得到了加强。塑蛙的铜鼓综合了先民对蛙和铜鼓崇拜的多层信仰，在他们心中，青蛙塑像赋予了铜鼓更多的神力。蛙与铜鼓的关系不可分割，青蛙节中要击打铜鼓，通过击打铜鼓产生沟通人与神之间的信号。将青蛙放在铜鼓面上祭祀，和铜鼓的灵力相辅相成，以通上天。蛙神崇拜体现了壮族多方面的文化和信仰。

第七节 其他纹饰

1. 云雷纹

云雷纹是铜鼓纹饰中非常重要的地纹，始于万家坝铜鼓，在北流型和灵山型铜鼓中占据主体地位。北流型铜鼓通体为云雷纹，也被称为"云雷纹铜鼓"。云雷纹布满铜鼓，给人以庄严、神圣、富于变化的流动美感（图四二、图四三）。

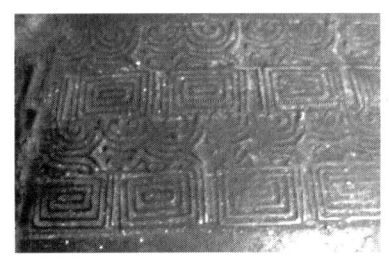

图四二 铜鼓上的雷纹

图四三 铜鼓上的云纹

广西的玉林地区、钦州地区和广州的湛江地区有很多用云雷纹装饰的铜鼓，这些地方地处北回归线以南，为雷雨地带，古时候多有雷公的传说，这些纹饰应该与以雷神为象征的文化有关,装饰云雷纹是对天上雷公的敬畏和崇拜。这些地区的先民自古以来崇拜雷神,云雷纹大量存在于远古时期的石器、陶器和铜器之上。刘恂《岭表录异》载:"雷州骤雨后,人于野中得黎石,谓之雷公墨。"宋人沈括在《梦溪笔谈》中也谈道:"世传雷州多雷,有雷祠在焉,其间多雷斧、雷楔。"清屈大均在《广东新语·铜鼓》说道:"雷人辄击之,以享雷神,亦号之为雷鼓云。雷,天鼓也,霹雳以劈历万物者也。以鼓像其声,以金发其气,故以铜鼓为雷鼓。"《湖广通志》记载,鼓上的云雷纹有祈雨有关。另外,在当今壮族的一些地区,还有称呼雷神为"雷婆"的。这些描述说明此前的岭南民族一直将天雷作为天鼓声。奉天鼓为神圣之物,造铜鼓与天上雷鼓相呼应,鼓上的云雷纹装饰也与之呼应,表现出铜鼓、雷鼓、雷神、祈雨这些概念之间具有密切关系。

铜鼓上的云雷纹,固然与鼓声和雷鸣的相关性有密切的关系,反映出雷神崇拜的地方习俗,但就这种纹饰本身而言,本身可能来源于中原地区的青铜文化。商周时期,中原地区的青铜器已经进入岭南一带,云雷纹就是这些青铜器上的重要装饰,属于青铜文化的组成部分。例如广西宾阳县出土西周铜钟、柳州博物馆藏青铜角形器等,都是以云雷纹为主要纹饰。这种装饰艺术与地方习俗相结合,在铜鼓的铸造上焕发出异彩,实在是一种顺理成章的事情。但岭南的云雷纹多为主体纹饰,中原青铜器的云雷纹多为地纹,二者还是有重要区别,应该属于共同背景之下不同的地域特征。

2. 牛纹和鹿纹

牛形塑像也是铜鼓上常见的纹饰。广西桂平县河口村出土的一面冷水冲型铜鼓,鼓面两蛙相间处有兰花三朵,一处为牛拉橇造型;苍梧大坡镇的一面北流型铜鼓,鼓面上没有青蛙,只有四头牛;广西象州县中平乡罗汉村出土的一面铜鼓,鼓面上有青蛙、马、牛,牛共三头,前面两头,后面一头;广西平南县出土的一面铜鼓,鼓面上四只大青蛙之间还雕塑着三头朝同一个方向行走的牛,其中一头牛身上骑坐着一人。除了牛之外,骑马的塑像也很常见(图四四)。

牛为财富的象征,中原地区的商朝人也视牛为神,其最隆重的祭祀礼仪称为"太牢"之礼,所用牺牲,以牛为首牲。先秦以来,西南民族都盛行崇牛之礼,并派生出种种绵亘古今的相关习俗。而生活在西江中游地区的俚人、僚人、乌浒等民族,他们对牛更是看重,牛可以耕地,可以换取奴隶,是重要的财富象征。瓯骆人很早就驯养了牛,有崇拜牛的习俗。

图四四 鼓面乘骑塑像

岭南边远地区因受到条件限制,其社群活动也往往因地制宜。例如今天的壮族、侗族、苗族等地区有"敬牛节"活动,其中有"舞春牛"与汉代"迎土牛"礼俗有相似之处。壮族有牛魂节,节日期间让牛休息,拜牛神,念祭牛神词。贵州纳西、广西布朗、广西木柄瑶有洗牛脚节,广西凌云等地还有斗牛活动。

牛纹和鹿纹都是石寨山型铜鼓上特有的写实纹饰。鹿,在我国南方地区大量存在,它们生活在森林的边缘和山区的草地上,古代很多民族将其视为有灵性的动物。鹿纹分布在铜鼓鼓腰部位,公鹿的生殖器会被重点刻画,牛纹也是如此。将动物直观地作雌雄之分,这是人们祈求部落繁衍,表达对生殖的崇拜之义。

牛纹刻在铜鼓之上,也象征"唯富为雄"的价值观。牛作为西南农耕民族的主要畜产,是财富的象征,在古代西南民族经济生活中占有重要地位,人们常以牛示富。同样作为财富象征的还有灵山型铜鼓上的"钱纹"。

3. 蝉纹

古时候,人们认为蝉的品性是高洁的,蝉的幼虫一直生活在污泥之中,等脱壳化为成虫的时候,会飞到高高的树上,看起来似乎只喝树上的露水而生,就仿佛出淤泥而不染的君子,因此古人崇爱蝉,把蝉形的玉佩挂在身上以示品质高洁。同时,蝉既能在黑暗的泥土中成长,又能在阳光下长出翅膀飞上天空,所以，从汉代以来，人们以蝉的羽化比喻人的重生，就有了将玉蝉放于死者口中的葬俗，寓意死者灵魂不灭，死而复生。

灵山型铜鼓常见蝉纹，这说明到了灵山型铜鼓流行时期，中原汉文化中的这类因素对岭南地区有较大影响。

4. 游旗纹

宋至明清时期，佛教与道教艺术也渗透到铜鼓纹饰之中。道教的纹饰主要有游旗纹、符箓纹、八卦纹、十二生肖、山水纹等。游旗纹是由图案化的羽人纹演变而来，它象征的是道教的幡，是飘幡的一种形式。它是现实生活的一种反映，在壮族蚂蚜节立幡的过程中，群众把蛙、鸟等挂在幡上，超度亡灵，这是壮族丧葬文化的独特表现。丧场立的高幡称为神幡，民间认为它是引导逝者灵魂升天的路。立幡在壮族丧葬祭祀仪式中是必不可少的重要仪式。随着历史发展，冷水冲型铜鼓鼓面上的变形羽人纹在道教影响下演变成为麻江型铜鼓上的游旗（幡）纹。

5. 内壁图案

铜鼓一般是在外壁铸造装饰物体和图案，例如鼓面、鼓胸、鼓腰、鼓耳、鼓足等部分，但发展到最后一个阶段，特别是麻江型后期，部分铜鼓开始在内壁刻画装饰图案和铭文。内壁的铭文和风俗画用写实的艺术表现手法来描述生产生活中人们祭祀、劳作的情景，拓宽了铜鼓的文化内涵，进而表达了人们的思想观念，展现了铜鼓的社会功能与价值。

有些铜鼓内壁铸有"寿""万""宝"等铭文，有"持鼓者长寿，铜鼓值万宝"之意，是传承古时"铜鼓神器值万金"观念的表现。

有些风俗画中，刻画有壮族的干栏、禾晾架、仓囷、犁耙、鱼塘、放牧者、樵夫、飞鸟、狗、植物、骑马者、打灯笼者、纺纱等场景，为研究当时社会生活提供了素材。

例如广西融水县博物馆收藏的一面麻江型小铜鼓，面径33厘米、高19厘米、足径33.5厘米，鼓耳宽13厘米，鼓面纹饰极少，而内壁中刻画了很多有关祈雨、祈丰收、祈繁衍、祈富裕等文化内涵的纹饰。鼓耳上铸有立体蛙对天仰视的造型，鼓内壁刻画有龙、鸟、牛、马、鱼、禾晾架、粮仓、农具、孕妇等纹饰。它综合了前期铜鼓和当时铜鼓祈雨、祈丰收、祈繁衍的文化观念。内壁中，禾晾架边有牛，架下摆放着犁耙、晒谷耙等用具；亭内有人翩翩起舞，亭子两旁有大树；拱门下有六位孕妇，上有飞翔的鸟和回形纹；高脚粮仓下有牛犁田，右边有龙，左边有骑马的人等图案。这类图案以前都是鼓的外部装饰，现在移到了内壁[1]。

西江流域铜鼓还有其他各种各样的纹饰，如马饰和马纹、乘骑饰、水波纹、鱼纹、龙纹、符箓纹、钱纹等，反映了自然环境、稻作农业、渔猎、宗教信仰等多个方面的社会内容。

---

[1] 李桐：《传承——图说原野中的铜鼓》，南宁：广西民族出版社，2015年，第47～53页。

第七章　铜鼓铸造技术

关于古代铜鼓的铸造技术，学术界做了大量的研究，成果丰硕。目前关于铜鼓本身的合金成分配比，研究已经比较透彻，对于矿料来源也有了一定认识，但对于铜鼓本身的铸造过程和方法，尚在摸索之中。民间工艺师在铜鼓的铸造方面走在了前面，但主要仍然是采用了现代工艺技术，而且生产出的大型铜鼓多是工艺品，多方面性能尚未达到古代铜鼓的铸造水平。

第一节　铜鼓铸造技艺研究综述

在历史上，铜鼓曾形成了一个范围广大的文化圈，然而时至今日，我国仍在使用铜鼓的地区仅仅有广西西部的河池、百色和云南滇缅交界一带。究其原因，一方面是汉文化的传播和汉民族的移民，使得西南少数民族地区汉化严重。另一方面，铜鼓的制作技艺几近失传，仅有的几处还使用铜鼓的区域基本使用的都是传世品。所以，研究、复原与开发铜鼓铸造技术对于铜鼓文化的再度繁荣有着重要意义。

国外学者对铜鼓铸造技术的研究要早于中国人，著名的奥地利学者弗朗茨·黑格尔在专著《东南亚古代金属鼓》专门分节研究了铜鼓的金属成分和铜鼓的铸造工艺，认为古代铜鼓是运用泥型合范法和失蜡法两种方法铸造的。现存的国外资料中，保存在泰国国家图书馆用缅甸文书写的《铜鼓制作法》较为详细地介绍了缅甸掸邦使用失蜡法铸造西盟型铜鼓的流程，这为研究其他铜鼓的铸造方法提供了借鉴。

中国人对于铜鼓的制作也久有思考。考订古籍，古人常常将铜鼓归于马援、诸葛亮所制，这种说法一直从东汉流传到明清时期。清末民初，一些学者或许受到乾嘉考据学派和西方治学方法的影响，开始对这种由来已久的说法提出质疑，如曾钊《广州总督军门铜鼓记》一文中以南阳公所获铜鼓为引，详细论证了铜鼓为何人所制，他的结论是铜鼓的制造者是骆越人，非马援和诸葛亮："然则，铜鼓实为骆越人作，汉晋以后，虽有铸造，其制多花草文，且粗略，此鼓雷文绝精，色瓜皮绿，黝然而光，与古鼎彝相类，其为秦汉前物无疑。虽然铜鼓历数千年无所属，独属之伏波、诸葛二公哉？"又如钟章元《金顺庙铜鼓考》一文认为以前的史籍记载铜鼓为马援、诸葛亮所制皆是讹传，铜鼓应为蛮人所制："章元历考诸书，蛮人铸是鼓，或以享神，或以宴宾，或以集众，初非以为战也。"再如曾瓶山《铜鼓考》一文认为铜鼓非马援所铸，是始于东汉之前的器物。到了民国时期，铜鼓非马援、诸葛亮所铸已经是学界的共识。正是因为清末民初这一百年间学者们对铜鼓铸造者的重新定位，才为后来研究铜鼓铸造技术提供了可能。

近代著名的史学家、被称为客家学之父的罗香林先生在研究古代越族文化时曾对铜鼓的铸造技艺进行过探索。在他的文章《铜鼓之制作及其纹式》中首先认为铜料大部分为本地出产，一部分来自中原地区："即据近日地质与矿产之实地调查，凡滇、黔、桂、粤等旧越族居地，亦颇富铜矿。昔时越人所求铜料于中原人士者，当以其铜铸繁多，或居地所采供不应求耳。"在铜鼓铸造方法上，他认为铜鼓应是范铸而成："至古代越族铸造铜鼓之方法……大抵铸铜之先，必抟土为鼓面范型一具，及半圆形之鼓身即胴部范型二具，而范内必精刻各种图案花纹，待各范完成，乃镕铜注铸，俟铜凝结，则脱三范而接合之，更镕铜，胶其接缝……要之，铜鼓由三部范型铸成，殆为不刊事实。"

1949年后，尤其是改革开放后，铜鼓研究迎来新的春天。1980年，中国古代铜鼓研究会成立，国内学者不仅持续深入探讨铜鼓研究的传统课题，而且开始了对铜鼓铸造技术的研究和复原。1982年，广西壮族自治区博物馆、云南省博物馆与北京钢铁学院（今北京科技大学）冶金史研究室合作，采用原子吸收光谱分析和金相检验方法对92面涵盖8个类型的铜鼓进行了取样分析，同时对这批铜鼓的大小、高低、薄厚等数据进行精确测量。1991年，广西民族学院（今广西民族大学）、中国精密铸造学会、上海博物馆科技考古实验室、广西壮族自治区博物馆和南宁重型机械厂合作，中国科学院相关学者作为顾问指导，根据1982年得出的研究成果着手对北流101号铜鼓进行了复制，其间总共进行了四次实验，均出现了各种问题，最终仅是将第三次与第四次复制的铜鼓部分接合在一起，结束了实验。这说明大型铜鼓的制作，在技术上确实有很高的难度。与此同时，民间冶铸者也在进行着不懈的探索，并且取得了成功。2008年，广西环江的韦启初先生历经十数载，终于攻克了大型铜鼓铸造工艺，后成为广西壮族自治区级非物质文化遗产壮族铜鼓铸造技艺传承人。除此之外，近几十年出版的专著也都对铜鼓的铸造技艺进行了研究介绍。1988年由中国古代铜鼓研究会编著的《中国古代铜鼓》一书专门辟出章节，详细介绍了古代铜鼓的铸造工艺。2013年出版的《大器铜鼓：铜鼓文化的发展、传承与保护研究》一书也专门研究了壮族铜鼓铸造工艺的复兴。

通过近一百年来学者们和民间工匠对于铜鼓铸造技艺的研究和复原，可以说铜鼓铸造技术已经基本还原其本来面貌，但是为什么运用现代最新技术复制的成果仍然有许多方面没有达到古人的水平，这是一个还需要进一步研究的问题。

第二节　铜鼓的合金成分和矿料来源

铜鼓的合金成分主要是铜、锡、铅三种元素，三者之和平均在95%以上，其他元素如锌、铁、砷、锑等含量均较低，系原料带入合金中的杂质。

根据《中国古代铜鼓》对100面铜鼓的研究，各个类型的铜鼓合金成分又有区别。一个大致的变化趋势是，铜的含量从春秋战国到魏晋时期（万家坝型、石寨山型、北流型早中期，冷水冲型早中期，灵山型早中期铜鼓）不断减少；从南朝到隋唐时期（冷水冲型晚期、北流型晚期、灵山县晚期铜鼓）又稍有增加；唐宋到清代（遵义型、麻江型和西盟型铜鼓）日趋一致。锡的含量在春秋时期很低，战国以后不断增长。锡与铅含量的总和也是从春秋战国到南朝以前不断增长；南朝以后到隋唐时期又稍有渐少；唐宋到清代变化不大。

冶炼出纯铜、纯铅及纯锡，并用其中的两者或三者配制合金铸造青铜器，是发达的青铜时代冶铸技术达到较高水平的标志之一。石寨山型铜鼓是最为精美的铜鼓，战国秦汉时期以滇池为中心的南方地区青铜器从形制花纹到合金成分都显示出发达青铜时代的特征。石寨山型铜鼓表面铸造有清晰的写生纹饰，表面光滑，造型美观，这与冶铸技术的进步密切相关。铜中加入较多的锡或铅能降低熔点，并改善合金的铸造性能。一定量的锡还能提高铸件的强度和硬度，改进声响效果。冷水冲型铜鼓是石寨山型铜鼓的延续，其分布中心沿西江而下，由云南移至广西南部左江、邕江、浔江等地区。在魏晋南朝时期，冷水冲型铜鼓发展到了高峰，此后逐渐衰落，到宋代演变为遵义型铜鼓。冷水冲型铜鼓是铅锡青铜鼓，含锡达15%，而且铅含量也很高。因此，此类型铜鼓的器壁很薄，花纹细而繁缛。北流型鼓及其后继者灵山型鼓，分布于两广南部地区。两广地区古代与中原地区接触较早，而且在文化上与楚的关系比较密切，是南方青铜文化发达的地区之一。所以使用铅锡青铜合金铸造的体型大、器壁薄、花纹精细的北流型和灵山型铜鼓，正是这个地区青铜铸造技术高度发展的标志。麻江型铜鼓的器形较小，器壁增厚。在合金成分上显示出来的特点是铅含量降低，锡含量相对增高。铅在合金中能加速声音振动的衰减，因此，降低铅的含量能提高铜鼓的音响效果[①]。

铜鼓的矿料来源是一个重要问题。1986～1991年，原广西民族学院、中国科技大学和广西壮族自治区博物馆合作，首次对铜鼓矿料来源的铅同位素进行分析，取得了突破性的成果。

通过对铜鼓矿料来源的铅同位素考证，人们了解到，铸造铜鼓的矿料分布区域相对集中，大体上可以分成两大区域。一个区域是以广西北流县铜石岭为中心的广西东南地区，北流型铜鼓与灵山型铜鼓及部分冷水冲型铜鼓的矿料均来源于此区；另一个区域是滇西－滇池地区－滇黔交界地区，万家坝型、石寨山型、麻江型（包括遵义型）铜鼓的矿料均来自该区域。随着铜鼓的发展传播和社会的历史变迁，这几类铜鼓的矿料来源有自西向东转移的趋势。各种类型铜鼓的矿料绝大多数来源于铜鼓分布区域内的矿床，说明这些铜鼓是就地取材，就近铸造。但也有极少数铜鼓尚未在分布区附近发现其所需要的矿料，说明了少数铜鼓可能有矿料远距离运输的情况，或者铜鼓是铸造完成后远距离交换迁移而来。

万辅彬等学者于20世纪90年代初对广西北流、灵山、冷水冲、麻江等主要类型铜鼓进行的铅同位素比值实验，以科技考古的研究方法首次证明广西北流型、灵山型铜鼓的矿料来源于北流县铜安镇铜石岭和容县西山一带；并根据炉址、炉渣、陶片等遗迹、遗物，以及考古队20世纪60年代初在铜石岭上捡拾到的一块宽约20厘米的铜鼓残片，推断北流型和灵山型铜鼓极有可能是就地取材，边冶炼边铸造的，从而揭开了铜鼓矿源和冶铸谜团的一角[②]。

各类型铜鼓的分布范围往往与铜、锡、铅等矿料分布点对应，这些矿点保证了铜鼓铸造的原料供给，降低了远距离运输矿料的成本，是历史上铜鼓文化在各地蓬勃发展的重要因素。早期铜鼓矿料来源与铜鼓分布区域的一致性，说明了早期铜鼓的铸造者也是使用者，如北流型和灵山型铜鼓为俚人和乌浒人所铸造和使用，万家坝型铜鼓则是濮人铸造并使用[③]。

以广西为例，在铜鼓密集出土或流行使用的地区，一定不乏多金属矿点，如桂平、平南、藤县、岑溪出产铜、锡、铅，北流有铜石岭，横县、邕宁、宾阳、

---

① 中国古代铜鼓研究会：《中国古代铜鼓》，北京：文物出版社，1988年，第182～192页。
② 万辅彬等：《中国古代铜鼓科学研究》，南宁：广西民族出版社，1992年，第117页。
③ 万辅彬、蒋廷瑜、韦丹芳：《铜鼓》，北京：中国社会出版社，2009年，第77页。

武鸣等地也产铜、锡、铅,河池南丹、百色一带产锡、铜,就连铜鼓出土较分散的那坡、靖西等地都能找到可供开采的铜、铅矿点。这些多金属矿点的规模往往决定了铜鼓的铸造规模,大矿周围铸鼓就多,反之则少。广西有4型铜鼓出土或传世数量众多,分别为冷水冲型、北流型、灵山型和麻江型,其他4型除石寨山型出土11面外,万家坝型、遵义型、西盟型分别只出土有3、7、3面,数量过少,对矿源地理位置的要求较低。冷水冲型铜鼓的分布中心是黔江、浔江沿线的桂平、平南、藤县几地,这几处背靠大瑶山脉,面临黔江、浔江,地界内丰富的铜、锡、铅矿资源能够满足大规模铸鼓的需要,而黔江和浔江横贯桂东中部,南北支流众多,便于将成鼓输送至各地;北流型铜鼓以北流铜石岭和容县西山铜矿为中心,沿着北流河—南流江往南辐射,河流沿线的县市成为主要的分布点;麻江型铜鼓的分布中心在河池南丹、东兰等县,北有九万大山,南临红水河,大厂锡矿为铸造高锡的麻江型铜鼓提供了充足的锡矿源。比较特殊的是灵山型铜鼓,其分布中心灵山县和浦北县周围缺乏大规模矿点,但灵山型和北流型的铸造、使用民族相同或族源相近,体现在此两型铜鼓分布范围基本重叠,灵山、陆川、博白、玉林等地是重叠分布较明显的区域,两型铜鼓出土数各占一半,并且出现数面兼具两型特征的过渡型鼓。这两型铜鼓有可能采用了相同矿源;然后再将它们与铜石岭出土的古铜锭、古矿渣比对,铜石岭矿料的铅同位素比值分布范围基本涵盖了北流型和灵山型的铅同位素分布范围。同样的族群开采了同一矿点,用采来的铜等矿料铸造北流型和灵山型铜鼓,并在族群的势力范围内使用,是灵山型铜鼓即使相对远离矿点也能获得充足矿料来源的原因。

  铜、锡、铅矿点开采的年代和兴衰与各类型铜鼓的流行年代有密切关系。万家坝型、石寨山型盛行于春秋战国时期并由云南最先传播到右江流域百色地区,但该地区矿点较少,因此虽然右江流域史前遗迹众多,开发较早,矿料来源却成为制约万家坝和石寨山两型铜鼓在广西获得蓬勃发展的原因。汉代至唐代,北流铜石岭开采的鼎盛期使体型硕大的北流型和灵山型铜鼓横空出世,并以合计200多面的出土数量彰显了广西铜鼓之乡的卓然地位。铜石岭的矿物为孔雀石,含铜量较高,达46.5%;北京钢铁学院地质教研室对铜石岭遗址炉渣作了分析检验,发现炉渣即炼铜残渣含铜量一般在0.5%左右,反映出广西当时的铜冶炼技术已达到很高水平,具备普遍采炼铜矿的条件[①]。石寨山型在东传的过程中演变为冷水冲型铜鼓。冷水冲型的鼎盛时期在魏晋南北朝,当时已普遍掌

[①] 杭长松:《广西矿产资源开发史》,南宁:广西人民出版社,1992年,第26～27页。

握采冶技术的僚人开采了黔、浔、郁江一带丰富的矿产资源，铸造了大量精美的冷水冲型铜鼓。随后冷水冲型过渡至遵义型，在桂平、容县、北流等原先冷水冲型集中分布的县市出土也是情理之中。明清时期对南丹大厂锡矿的大规模开采，是麻江型铜鼓得以在明清和该地区盛行的重要原因①。

北流铜石岭是岭南地区两广交界地带最重要的一个铜矿矿料来源，史不绝书。《旧唐书·地理志》载：唐铜陵县，汉属合浦郡，"界内有铜山"。唐平萧梁之后，于武德四年（公元621年）在今广西北流、容县一带置铜州，就是因为州境出铜的缘故。铜州故城，在"今县治东二里金龟山下"。民国二十四年修纂的《北流县志》称："铜石山，县东二十里，层峦耸秀，石皆紫色，南面整齐无边，亭亭如伞，又名朗伞石。……唐初建铜州，是从此山名之，洵县城下游之砥柱也。"现北流县城东北13公里的铜石岭，就是县志上的铜石山。

1966年初，广西壮族自治区文物管理委员会和玉林地区文物普查组到广西北流县进行文物考古调查，发现铜石岭是一处规模很大的古代采矿炼铜遗址。遗址分布在大铜石岭、小铜石岭和会岭台山约3平方公里的范围内。在铜石岭山麓下的大小山坡上，到处散布着炉渣，还有不少残炉壁和残断的鼓风管。以铜罂山、塘峡屋背、杉木山、冲头岭丫、大社铜山窝等处的炉渣最多。铜石岭遗址发现的木炭，经中国社会科学院考古研究所碳十四实验室测定，树轮较正后年代为距今为1901年±90年，灰坑中出土的水波纹、弦纹陶器，双耳白陶罐、青瓷器，说明铜石岭冶铜遗址的年代是西汉至唐代。可能广西北流铜石岭铜矿在西汉就已开始采掘了，同时加以冶炼，东汉、南朝是最繁荣的时期，往后也可能延续了一段时间。广西北流铜矿冶炼的时代正好是北流型铜鼓大量铸造、流行的时代，为俚人铸造北流型铜鼓提供了丰富的矿料来源。

第三节　铜鼓的铸造地点

铸造地问题一直是铜鼓研究的未解之谜。迄今为止尚未发现古代铜鼓的铸鼓范片、模具、铸址等，没有确凿的考古学证据证实铜鼓在哪里铸造、为何人所铸。这可能与铜鼓铸造所采用的特殊工艺以及工艺流程有关。蒋廷瑜先生认为，古代铜鼓采用的是泥型合范法铸造，为保持稀有性和独一性多为一鼓一范，

---

① 陆秋燕、李延祥：《广西各类型铜鼓的分布与铜锡铅矿点之间的关系——兼论广西古代铜鼓矿料来源和铸造地问题》，《广西民族研究》2017年第1期，第143～148页。

用三合土或黏土混合炭末、草灰等材料制范和内模，在范上刻印花纹，在内模上刮出浇铸空腔后熔铜浇铸，打碎外范即可将新鼓取出，这也是为什么至今无法找到铸鼓范片的原因①。也很有可能采用的是砂模铸造技术（翻砂法）铸造，鼓成模碎，而无法留下内模。总之，古人可能是采用了我们尚未充分了解的貌似简单的技术铸造出了复杂而精美的铜鼓。这些铸造技术方法在考古学上虽然未能留下明显的痕迹，但也并非完全没有踪迹可寻，除了文献记载之外，考古工作中仍然发现了一些证据。

较大规模的铜鼓铸造场应该会处在这样一个地理位置：距离某一处矿山不太远，位于村庄边缘，周围有水路或陆路可以将所需矿料运来，以及将铸好的成鼓运送到临近村庄。国外学者在对安纳托利亚高原青铜时代早期锡矿的开采进行研究时，发现该区域存在一个分层级的体系：采矿点和矿料加工点之间往往相距不远，两者形成一个二层体系，从采矿点开采出来的矿石经过简单遴选后即被送到加工点进行冶炼和提纯，以备铸造合金使用；而矿石开采、冶炼场所和处于贸易中心的城镇又构成了一个三元体系，在城镇里锡料或锡矿半成品被重熔用于制造金属器，或直接参与贸易。

根据铅同位素比值和铜石岭遗迹判断，北流型和灵山型铜鼓应采用了与上述相似的冶铸方式。矿料从铜石岭或西山开采后，在采矿点经初步提纯，通过北流河或陆路运送矿料半成品，这些半成品有可能用于在临近的区域就近铸鼓，铸成后输送到部族势力范围内的其他地方，或直接向外地输送矿料半成品。冷水冲型分布范围广，铅同位素比值落点分散，应主要是就近取材、就近铸造、就地使用的模式，可能是流动匠人制作的。对于单个的小订单，小规模的流动作坊就能解决问题。需要铸鼓的权势阶级将铸鼓匠召集而来，铸鼓匠和他的助手们带上铸鼓所需的矿料和模具就成了一个流动作坊。发展到后来的麻江型铜鼓，已经是批量化生产，这个时期的生产作坊有固定的场所和工匠，有统一的生产标准，但仍然不会距离某种所需的矿源太远——比如铜或锡。麻江型鼓的密集使用地区与云南个旧、广西大厂等著名大矿紧邻，即能说明不少问题。至于其他矿料，可以从临近的地区通过贸易取得。而万家坝、石寨山、西盟等型铜鼓，由于数量过少，有可能是本地铸造，也有可能从外部传入②。

铜鼓的铸造地点与矿料来源密不可分，铜矿矿点的所在，往往也就是铸造

---

① 蒋廷瑜：《古代铜鼓通论》，北京：紫禁城出版社，1999年，第128～129页。
② 陆秋燕、李延祥：《广西各类型铜鼓的分布与铜锡铅矿点之间的关系——兼论广西古代铜鼓矿料来源和铸造地问题》，《广西民族研究》2017年第1期，第143～148页。

地点或者不远处。特别是体型硕大的粤式铜鼓，基本可以排除从外部远距离输入的可能，当为本地铸造。这一点在对于北流型铜鼓铸造的研究中得到了有力的佐证。

1966 年，广西壮族自治区文物工作队在北流县发现汉代冶铜遗址之后，1977 年和 1978 年在这里进行了两次试掘，发掘范围南北长 500 米，东西宽 50 米，发现炼炉 14 座，灰坑 9 个，木炭若干，炉渣俯拾皆是。特别值得注意的是发现了铜残片 1 块[①]。

这块铜残片长 6.25 厘米，宽 3.6 厘米，厚 0.4～0.5 厘米，碎片沿长的方向成均匀的弧形。弦高约 0.07 厘米，由此可推算出铜鼓直径约 137 厘米，这正好与北流型较大铜鼓的面径相当。广西所发现的青铜器只有铜鼓而且只有北流型铜鼓才有这么大的直径，可能这块残片应该是一面较大的北流型铜鼓的残片。

1978 年 4 月 29 日，广西冶金研究所对这块铜片进行了合金成分的分析，发现其中铜、铅、锡等主要成分与北流型铜鼓非常接近。

在试掘铜石岭遗址时，在麻疯寮下方发现了一个炼炉群，这块铜鼓残片就是在炼炉群上发现的。在面积约 10 平方米的阶地上共清理出 8 个炉子，有的炉子之间仅有 10 厘米左右的间隔，分布密度很大。炼炉的全貌已经被破坏，但炉子的底部尚存，炉的基部为圆环形，外径为 40～50 厘米，内径为 36～43 厘米，残高为 15～25 厘米，炉壁由黏土和石英砂等耐火材料砌成，厚 4～7 厘米。经过烧烤，内壁呈灰色，外壁呈红褐色。炼炉底部向山下的一方有流口，呈圆弧形，宽 10～15 厘米，炼炉群如果同时熔炼铜液，从鼓范的浇注口连续浇注，完全可以铸造出硕大的北流型铜鼓[②]。

广西北流市民安镇铜石岭是广西著名的冶铜遗址，规模宏大。年代为汉至唐，与冷水冲、北流、灵山三个类型铜鼓流行的年代相合。铜石岭冶铜业一度十分兴盛，遗址遍布鼓风管、炉渣、铜矿石、木炭、陶瓷片等物，以及仍暴露在地表的炉址。根据孙淑云等用物料平衡法对铜石岭冶铜规模进行计算的结果，按年工作 180 天计算，铜石岭单座冶炼炉的年产量可达 3.2 吨，具有较高的生产能力和技术水平[③]。据说铜石岭近旁的上良村农民卢振东在铜石岭遗址（麻疯寮西侧的山坡上）一次就掘出铜锭约 35 千克。

---

① 广西文物工作队：《广西北流铜石岭汉代冶铜遗址的试掘》，《考古》1985 年第 5 期。
② 姚舜安、万辅彬、彭子成：《北流型铜鼓铸造遗址初探》，《考古》1988 年第 6 期，第 556～561 页。
③ 孙淑云、刘云彩、唐尚恒：《广西北流县铜石岭冶铜遗址的调查研究》，《自然科学史研究》1986 年第 3 期。

一江之隔的容县西山冶铜遗址与铜石岭属同一冶炼技术体系，但从冶炼规模来看，西山遗址比铜石岭大近 10 倍①。另外，岑溪产铅，矿区开发较早，有废窿炉渣，开采时间较长，已大部采空。

　　铜石岭的部分炼炉属于"碗式"冶炼炉型②，比较原始，规模小，结构简单。这种炼炉不仅用于炼铜，也用于炼铁，在汉代的西江流域广泛存在。广西平南县六陈镇、桂平市罗秀镇冶铁遗址群是我国迄今为止发现的两处年代最早、遗存最丰富的块炼铁遗址群。根据炼炉的形制和结构，其中有 4 座明确为"碗式"炼炉。从考古发现来看，六陈镇和罗秀镇冶铁遗址群的时代大体在西汉时期，上限可能到战国晚期至西汉初，少部分遗址的时代可能延续到东汉或唐宋时期。

　　据李映福教授研究，"碗式"炼炉冶铁技术最早出现于西亚，后来逐渐扩散到了欧洲、亚洲、非洲的广大地区。平南六陈"碗式"炼炉无疑是西亚"碗式"炼炉冶炼技术对外扩散的产物，这种扩散大多是通过间接方式推进的，是冶铁技术长距离、大范围扩散链条中的一个点。平南"碗式"炼炉可能是受到南亚、东南亚地区的影响而出现的。南亚地区的印度发现有早期铁器时代的"碗式"炼炉，并保存有大量"碗式"炼炉的土法冶炼技术传统。印度在地理上与我国西南地区相邻，既有"南方丝绸之路"相通，又有印度洋海上通道与广西相连。东南亚地区与我国西南以及广西地区的文化交流更加密切。有学者也注意到了南亚、东南亚地区与广西地区古代冶金技术存在交流的线索③。

　　平南六陈"碗式"炼炉的发现，可能暗示我国块炼铁冶炼技术的来源有南、北两个方向。平南六陈冶铁遗址群为代表的"碗式"炼炉的冶炼技术可能更多地受南亚、东南亚地区"碗式"块炼铁冶铁技术的影响而出现的，是西亚"碗式"炼炉冶铁技术经由海洋扩散的结果④。

　　铜石岭距离六陈、罗秀并不远，这些冶炼遗址之间可能有一定联系，在最关键的"碗式"炼炉技术上是相通的。如果说平南六陈的"碗式"炉技术来自于海上丝绸之路，那么铜石岭可能也不例外，使用的"碗式"炉技术同样也是经由海路来自西方。铜石岭铸造的是北流型铜鼓，北流型和灵山型铜鼓以硕大

---

① 李延祥、黄全胜、万辅彬：《广西北流铜石岭容县西山冶铜遗址初步考察》，《有色金属》2007 年第 4 期。

② 蒙四川大学历史文化学院李映福教授见告，谨致谢忱。

③ 黄全胜、李延祥：《广西平南六陈坡嘴遗址冶炼技术研究》，《有色金属》第 63 卷第 1 期，2011 年 2 月。

④ 李映福：《广西平南"碗式"炼炉与我国"碗式"炼炉的起源》，《考古》2014 年第 6 期，第 64～77 页。

著称，学术界一直找不到它们的来源，虽然有人说它们起源于石寨山型铜鼓，但区别非常大，并非直接的继承关系。所以很有可能北流型和灵山型铜鼓另有来源，但来自于何处众说纷纭。铜石岭"碗式"炉的存在给人们一点启示，既然铸造硕型铜鼓的炼炉技术来自于海上丝绸之路，铜鼓本身可能也会受到相应的影响。我们不能说北流型和灵山型铜鼓完全源自海上丝路，但至少有部分因素可能来自于此。郭立新等学者认为，邕江型冷水冲铜鼓实际上来自于红河流域[①]。那么很有可能，北流型和灵山型铜鼓同样也是东南亚铜鼓文化圈交流的结果，只不过交流的程度、层次和方向还有待于进一步考察。

第四节　铜鼓的铸造方法

矿石开采后，就地经过初步冶炼提纯，矿料成品或半成品运输到邻近的冶铸作坊以为铸鼓所用。在铜鼓仍然代表权威和阶级地位的时期，由于象征权威需要保持神秘性，以及对铸鼓所需技艺要求较高，铸鼓的工匠不会太普及。因此工匠可以是固定的一个小范围的群体，但是铸鼓的作坊不一定是固定不变的场所，有可能是流动性的。只要有足够矿料，工匠们可以带着工具根据客户的需求从一个县转移到另一个县。铜鼓铸造技术是不传之秘，在文献当中几乎没有记载。只有采用现代科技方法进行研究，才能探索出其中的奥秘。

通过近一百年来中外学者的研究，基本找出了中国古代铜鼓八个类型的铸造方法，主要为泥型合范法、失蜡法、蜡模泥范法。现分别介绍如下。

1. 泥型合范法

泥型合范法主要用于万家坝型、部分石寨山型、大部分遵义型和麻江型铜鼓的铸造，主要分七个步骤进行。

（1）做模型

制作铜鼓的第一步就是制作一个木制的铜鼓模型，作为内模的骨架和支撑。接下来在模型外面涂满掺有谷壳的粗泥料作为内模的底层，然后在粗泥料上再盖上掺有草灰、牛粪的细泥料作为表层，这种方法不仅可以使内模表面光滑，还可以保持较好的透气性和退让性。最后，捏塑几个实心耳，安装在鼓耳的位

---

① 郭立新、万辅彬、姚舜安：《论冷水冲型铜鼓的三个地方类型》，《广西民族学院学报（哲学社会科学版）》1997年增刊，第101～104页。

置，整个泥制模型铜鼓制作完成。

图四五　麻江型铜鼓的范线

（2）翻外范

根据现有铜鼓的两道或者四道合范线可以推测，其外范应分为三块或者五块，面范均为一块，主要不同在于前者身范有两块，后者身范有四块（图四五）。两种外范的制作方法一样，均是先在泥制模型鼓上涂满牛油防止粘连，然后分块敷以细泥料和掺了草木灰和麻丝的粗泥料，同时按照设计在鼓面中心留下浇口位置，经过自然风干，外范变硬定型后，拆下外范刻制或印制纹饰，外范就做好了。

（3）做内模（也称芯范）

内模主要是由泥制模型鼓削减而成，具体做法是在泥制模型鼓表面镶嵌许多铜芯垫，这些铜芯垫的厚度就是要制作的铜鼓的厚度。然后按照铜芯垫的印痕厚度，用刮刀削去一层泥料，接下来将表面磨光即成。关于耳内模的做法是将已做好的模型泥耳取下减薄，然后加上支钉嵌入外范的耳槽内，使耳型腔能与鼓型连通为当。

（4）合范

有两种合范法，第一种是鼓面向上的合范。首先将内模置于平台上，周身贴好垫片，把鼓身外范与内模对正组合，然后将面范盖在内模上，接下来将浇口杯安置在之前已经留好的浇口上即成。第二种是鼓足向上的合范，首先将面范置于平台上，放好垫片，将内模倒置放于面范之上，周身贴好垫片，然后将身范与内模对正组合，并在足沿放置浇口杯。两种方法合范完毕之后，用泥将范缝封死，用绳索将整个模具绑紧，然后通过低温烘烤使其完全干燥变硬。

（5）浇注

正式浇注前，将已制成的鼓范烘烤至600℃以上，然后从浇口杯处注入合金溶液，溶液便会自上而下流入整个型腔当中。

（6）拆范及修整

古代铜鼓中，除了麻江型铜鼓以外都是一范一鼓，拆范时直接将外范砸碎，内模挖出，凿掉浇口杯就完成了。麻江型铜鼓因耳芯多是活动的，所以可以完好地拆下外范，内范如果分成多块，也可以拆下，如果不是就直接砸碎。拆范完成后，需要修整浇口、冒口、范缝，其余地方一般不进行打磨。

(7) 定音

铜鼓一般用作乐器，所以在制作完成后需要由专业的定音师进行定音。他们敲击鼓面中心的太阳纹和面沿四边来调整音调，调整准确无误后，就可以使用了。

2. 失蜡法

这种方法在石寨山型和冷水冲型铜鼓上有零星出现，但是主要运用于西盟型中晚期铜鼓。其铸造分五个步骤进行。

(1) 做模型

与泥型合范法一样，首先做一个泥制模型鼓。

(2) 做蜡模

在已做成的泥制模型鼓外面涂上一层蜡，均匀地刮平，然后在蜡面上刻制或印制花纹，用蜡捏成累蹲蛙、鼓耳、象、螺等造型，分别粘于鼓面、鼓胸、鼓身，蜡模就做成了。

(3) 制外范

将外范所用的细泥料敷于蜡模上，蜡模各处必须均匀填实，这样才能保证轮廓和花纹的清晰，然后在细泥料外再敷上一层粗泥料以增加强度。同时在鼓面中心太阳纹处留下浇口，在青蛙的眼睛处穿出气孔，在足沿部留出泄蜡口，这样外范就制成了。

(4) 化蜡

用小火烘烤，使蜡受热化成液体，从预先留出的蜡口处流出，形成空腔，等待浇注。

(5) 浇注

将鼓范烘烤至600℃以上，然后从浇口处注入合金溶液。

(6) 拆范及修理

浇注冷却之后，拆去外范，在立体装饰处要十分小心，以免损伤。然后对浇口和花纹等处进行修理。用失蜡法铸造铜鼓普遍没有合范缝，所以器形相对精致，修理也方便。

3. 蜡模泥范法

蜡模泥范法主要用于部分石寨山型、冷水冲型、北流型、灵山型、遵义型及西盟型早期铜鼓。由于铸造大型铜鼓不管单独使用泥型合范法还是失蜡法都会出现问题，所以采用蜡模泥范法兼具二者之优点，避免了内模转动不灵和花纹不清晰的问题，省时省力。其铸造过程主要分五个步骤进行。

（1）做模型

同以上两种方法一样，都是用木材做底衬制作泥质模型鼓，然后在其表面敷上粗细两种泥料，然后用刮板将其表面刮平。

（2）做蜡模

将泥制模型鼓表面敷上一层蜡，然后在其中嵌入垫片，用刮板将高出垫片的蜡层刮掉，然后刮平。再用蜡捏成鼓耳、青蛙及其他造型的装饰物，粘于设计好的位置，这样蜡模就做好了。

（3）制外范

外范共三块，包括面范一块，身范二块。先用泥料敷于蜡模之上，中加骨架，在鼓面中心太阳纹处留出冒口，在鼓面立体装饰处留出气孔，然后等待外范自然变干变硬便可拆下。拆下外范后，在外范上压印纹饰，然后将用蜡捏好的鼓耳、青蛙等装饰物置入预留的坑位中，用泥料把坑填满抹平，但是装饰物的足根要留在范面上。这些制作完成后，便可以烘烤化蜡。

（4）合范

首先把做好的范芯周身贴好垫片，然后将外范与范芯对正组合，同时扩大合范缝作为浇口，然后盖上面范，安装好浇铸装置，将其余合范缝用泥封死，之后用绳索捆扎结实。经过低温烘烤，使整个鼓范保持脱水、干燥。

（5）浇注、拆范和修理

首先将鼓范烘烤至600℃以上，然后经浇口向范腔注入合金溶液。拆范时注意不要损伤铜鼓上的立体装饰物，然后略微经过修理，铜鼓就制作完成了。

第五节　铜鼓铸造技术的复原推动文化传承

在殚精竭虑进行学术研究的同时，我们需要清醒地认识到一点，铜鼓不是历史中的遗物，而是当代少数民族人民仍然使用的宝器。在铜鼓文化濒临失传的今天，我们的研究仅停留在书本上是远远不够的，将学术成果转化为现实存在才是对铜鼓文化的真正保护。20世纪90年代众多学术机构对"铜鼓王"的复制虽然结果差强人意，但这是一个好的开始，反复试验恰恰体现了铜鼓研究学者们为实现理想百折不挠的精神。近年来，随着国家对铜鼓文化的重视，民间不断涌现出能够进行铜鼓古代工艺复制的能工巧匠，广西壮族自治区非物质文化遗产"壮族铜鼓铸造技艺"传承人韦启初先生就是其中的杰出代表。

如今,全国各地的铜鼓复制活动如火如荼,不仅广西、广东等铜鼓曾经流传的区域,甚至连江西、江苏、河南等省市的企业都加入到了铜鼓复制的行列。但是他们复制的只是铜鼓工艺品,仅仅可作为礼品出售。笔者在考察广西博物馆和广西民族博物馆时,在纪念品处看到了大量的铜鼓工艺品,让人惊讶的不是这些工艺品制作多么精美,而是高昂的价格。这些工艺品无论多少钱,也只能是置于高堂之上供人赏玩,并不能替代少数民族群众在庆祝活动中使用的传世品。

随着全球化的进展,人类文化越来越趋于同一,古代铜鼓传世品数量日益减少,铜鼓文化的保存岌岌可危。这种危局就更加凸显出铜鼓复制的必要性,做出让少数民族群众喜爱、习惯、用得上的铜鼓是我们今天的铜鼓研究者们努力的方向,让学术成果回到现实生活中去才是真正对铜鼓文化保护的推动。本书后文将具体探讨这些问题。

第八章　西江流域铜鼓文化的保护与利用

铜鼓经历了两千多年的演变发展，其在各个历史时期的文化积淀，深深地烙印在使用铜鼓的民族的生产、生活的各个方面，并一直延续至今。铜鼓造型精美，纹饰丰富多彩，声音洪亮，给人视觉和音律上的双重愉悦。千百年来，人们崇敬铜鼓，将铜鼓视为吉祥物，寄托丰收与平安的祈愿，在铜鼓纹饰中融入原始图腾崇拜的信念与情感。民族文化的生命力取决于它的文化价值。随着时代的发展，铜鼓集信仰与艺术为一体，得到了西江流域各个民族的认同与传承，成为重要的民族文化符号。国家大力推进铜鼓的非物质文化遗产保护，并用于文化建设之中。铜鼓形象广泛出现在城乡传统节日文艺演出、壮锦、文化广场雕塑、建筑物装饰、路桥装饰、旅游工艺品中，展现出旺盛的生命力。在政府和民间的共同努力之下，铜鼓的活态传承取得了丰硕的成果，铜鼓已经成为西江流域各民族最重要的文化品牌之一。

第一节　世界与中国关于非遗保护的努力

1. 联合国教科文组织对于世界遗产和非物质文化遗产的保护策略

在人类文化遗产的保护问题上，联合国等国际组织一直引导着世界各国的导向。联合国教科文组织于1972年在第十七届大会上通过了《保护世界文化和自然遗产公约》，并成立世界遗产委员会作为世界文化遗产保护的指导机构。这份公约的签订开启了世界范围内文化遗产保护的热潮。2001年，联合国教科文组织在第三十一届大会上通过了《世界文化多样性宣言》，旨在推动各国尊重文化多样性，积极对话，开展合作。

为保护全人类非物质文化遗产，借鉴之前两份关于文化遗产保护的公约，联合国教科文组织于2003年10月在第三十二届大会通过了《保护非物质文化遗产公约》。公约中明确界定了非物质文化遗产，其定义为："被各社区、群体，有时是个人,视为其文化遗产组成部分的各种社会实践、观念表述、表现形式、知识、技能以及相关的工具、实物、手工艺品和文化场所。这种非物质文化遗产世代相传,在各社区和群体适应周围环境以及与自然和历史的互动中,被不断地再创造,为这些社区和群体提供认同感和持续感,从而增强对文化多样性和人类创造力的尊重。"

公约中指出非物质文化遗产包括以下几个类型:

(1)口头传统和表现形式,包括作为非物质文化遗产媒介的语言;

(2)表演艺术;

(3)社会实践、仪式、节庆活动;

(4)有关自然界和宇宙的知识和实践;

(5)传统手工艺。

联合国教科文组织《保护世界文化和自然遗产公约》《世界文化多样性宣言》《保护非物质文化遗产公约》等公约、宣言的颁布,为世界各国,尤其是历史文化遗存丰富的国家保护本国非物质文化遗产指明了方向。

2. 中国关于非物质文化遗产保护的各项举措

1949年后,十分重视古代遗物遗迹等物质文化遗产及各式各样传承至今的非物质文化遗产的保护,但早期多停留在对文化遗产的调查、收集等方面。1982年,经全国人民代表大会批准通过的《中华人民共和国宪法》中第二十二条规定:"国家保护名胜古迹、珍贵文物和其他重要历史文化遗产。"同年,第五届全国人民代表大会常务委员会第二十五次会议通过并施行了《中华人民共和国文物保护法》,这部法律的颁布为此后加强文物保护、继承和发扬中华民族优秀文化奠定了法律基础。1985年,我国政府正式加入《保护世界文化和自然遗产公约》,并在1987年由第十一届世界遗产大会认定,故宫等6处遗产首次列入《世界遗产名录》。此后,我国政府又于2004年8月正式加入《保护非物质文化遗产公约》,加快了保护非物质文化遗产的步伐。2005年我国出台了《国务院办公厅关于加强我国非物质文化遗产保护工作的意见》《国家级非物质文化遗产代表作申报评定暂行办法》。2006年又相继出台了两部法规,分别是《国家非物质文化遗产保护专项资金管理暂行规定》和《国家级非物质文化遗产保护与管理暂行办法》。2007年出台了《关于加强老字号非物质文化遗产保护工作的通知》,2008年出台了《国家级非物质文化遗产项目代表性传承人认定与管理暂行办法》。2011年国家正式对非物质文化遗产保护进行立法,颁布了《中华人民共和国非物质遗产法》。2014年，财政部和文化部又联合发布了《实施中国民族民间文化保护工程的通知》。不仅只在国家层面，地方各省市也都相继出台了一系列的保护本地非物质文化遗产的政策法规。

此外，我国为了更好地宣传保护非物质文化遗产，在2006年还公布了第一批国家级非物质文化遗产名录，此后在2008、2011和2014年又相继公布了第二批、第三批和第四批国家级非物质文化遗产名录，并确立了"国家＋省＋市＋县"的非物质文化遗产保护体系。

虽然国内学者很早就进行了非物质文化遗产相关研究，但是并未形成合力，所以成立相关学术机构迫在眉睫。正是鉴于这样的形势，2013年，中国非物质文化遗产保护中心与文化部非物质文化遗产司合并成立了隶属于国务院文化部的国家级学术团体——中国非物质文化遗产保护协会。之后，中国非物质文化遗产保护协会又通过成立中国非物质文化遗产战略发展联盟，整合社会资源，更好地保护了和传承我国的非物质文化遗产。

第二节 "一带一路"战略对于西江流域铜鼓文化保护的作用

海上丝绸之路自汉代开通以来，一直是中国沟通与亚、非、欧等地区贸易交流的重要桥梁，也是推动人类文明繁荣进步的重要纽带，海上丝绸之路与陆上丝绸之路一道共同组成的"和平合作、开放包容、互学互鉴、互利共赢"丝绸之路精神世代相传。21世纪，和平与发展是当今世界的主题，但全世界又面临着经济全球化所带来的诸多挑战，各国均呈现出不同形势的发展问题。中国作为地处东亚、影响力遍及世界的大国，有能力也有义务为推动世界各国的共同繁荣做出努力。鉴于此，2013年9月和10月，中国国家主席习近平在出访中亚和东南亚国家期间先后提出了各国共同建设"一带一路"——即"丝绸之路经济带"和"21世纪海上丝绸之路"的重要构想。同年，中国国务院总理李克强在参加中国—东盟博览会时强调，铺就面向东盟的海上丝绸之路，打造带动腹地发展的战略支点。加快"一带一路"建设，有利于促进沿线各国经济繁荣与区域合作，加强不同文明交流互鉴，促进世界和平发展，是一项造福世界各国人民的伟大事业。2015年3月，经国务院授权，国家发改委、外交部、商务部等三部委联合发布了《推动共建丝绸之路经济带和21世纪海上丝绸之路的愿景与行动》，这份文件从国家层面对"一带一路"作了全面布局。在各地方省市及其他沿线国家也相继出台了相关的对接政策,努力使"一带一路"战略得到全面落实。

云南、广西、广东、贵州等省地处南海沿岸及其辐射区,是中国面向东南亚各国的传统窗口。"一带一路"战略的构建,尤其是"21世纪海上丝绸之路"战略的构建对这些地区影响颇深。首先,滇、桂、粤三省是"21世纪海上丝绸之路"战略所圈定的重点省份,未来必将获得大量的国家资金和政策扶持,利用当地的优势资源,通过铁路、航运等通道,连接内地,成为"丝绸之路经济带"和"21世纪海上丝绸之路"衔接的重要门户。而贵州与云南、广西交界,虽没有被纳入重点省份,但其地处"一带一路"两大经济带的中间区域,加快通道建设使铁路和公路无缝衔接起来,利用国家战略的红利发展优势产业,探索出一条内陆型开放经济的新路子。

其次,通过"21世纪海上丝绸之路"的连接,滇、桂、粤、黔等省份可以十分便捷地与东南亚及亚、非、欧等国家进行政府及民间层面的包括铜鼓文化在内的文化交流及人员往来,这就可以促进铜鼓文化宣传走出去,扩大铜鼓文化的影响力。

由此可见,西南四省除广东外,普遍处于经济发展较弱的时期,而建设"21世纪海上丝绸之路",对于西南四省的发展可以起到极大的促进作用。经济的发展可以带动文化的发展,纵观历史,往往国家处于经济实力的顶峰,就处于文化的顶峰,唐代前期如此,宋代前期亦如此。所以,要改变当今活态铜鼓文化保存少、地方小、人数少的尴尬局面,使铜鼓文化真正成为世界多元文化中的一员,其中很重要一点就是积极融入"21世纪海上丝绸之路"战略里来,使其有所助益。

第三节 西江流域铜鼓文化的保存现状
——以广西为例

铜鼓的使用曾遍及中国南方诸省和东南亚地区,在极盛时形成了广泛的铜鼓文化圈。但是铜鼓在今天仅存在于广西、云南、贵州和东南亚部分国家的少数地区,铜鼓的数量和使用铜鼓的民族也大大缩减,铜鼓在现实生活中的实用功能已经弱化,特别是在泛北部湾地区工业化进程日益加快的当今社会里,铜鼓和铜鼓文化的现状令人担忧,人们对铜鼓的认识有日益淡化的趋势。

下面以广西为例，介绍西江流域铜鼓文化的保存现状。

广西是西江流域所流经的重要省份，也是铜鼓使用的重要地区。关于历史上广西各地的铜鼓分布情况，万辅彬等所编的《大器铜鼓：铜鼓文化的发展、传承与保护研究》一书曾作了总结，书中提到："据县志中有关铜鼓记载的统计数据显示，桂西县志中的记载占总数的18.42%，桂南占38%，桂北占39.47%，桂东占15.79%。"① 由此可见，在彼时的广西，铜鼓的分布主要偏重于桂南和桂北，并且县志中记载的情况也十分丰富，然而时至今日，广西仅桂西、桂西北地区的少数民族群众还在使用铜鼓，除此之外仅南宁市和来宾市的个别地区尚存，这种情况不禁令人惋惜。究其原因主要有以下三个。

（1）特定历史时期的影响

20世纪50～70年代，由于各种历史原因的影响，铜鼓文化受到较大破坏。例如1961年到1962年，广西天峨县文教局曾在该县进行过一次铜鼓普查，统计出当时该县共有铜鼓近500面，而到了1995年，天峨县再度进行铜鼓普查时，全县仅剩铜鼓42面了。又如河池市是目前世界上已知的民间传世铜鼓分布最密集的地区，在1949年前后，河池地区民间收藏铜鼓达数千面之多，1991～1993年，河池地区文物管理站曾组织所属11个县的文物工作者进行全地区的传世铜鼓普查，结果仅登记到铜鼓1417面，其中民间收藏约1300余面。这期间大规模、大批量销毁铜鼓的事例屡见不鲜。如广西河池地区东兰县物资局将从乡下收缴来的铜鼓砸烂装车运走，一次就将约400面铜鼓的残骸装满了两辆载重4吨的卡车。又如1972年，东兰县建设氮肥厂急需大量铜材，该厂于是出动两辆卡车将东兰县安娄供销社囤放的近200面铜鼓运走熔化。再如，原属广西都安瑶族自治县的七百弄，其一个乡就有70多面铜鼓被收作废铜。以上三个事例就销毁了铜鼓近700面，破坏程度可见一斑，能侥幸留下的铜鼓大多是少数民族群众秘密保护起来的。

（2）现代文明对少数民族群众传统文化的冲击

改革开放后，一方面，中国社会越来越呈现出高度的国际化，兼容并蓄的态度使更多的西方文化进入，对中国社会特别是传统文化带来了巨大的冲击，年轻一代更欢迎新潮的西方现代文化，大多不再遵循祖辈留下的传统，特别是经济方式的转型，使得中国大量的传统工艺和民间习俗濒临消亡。另一方面，经济的飞速发展使知识、技术、资本和劳动力等因素越来越集中到城市，城市

---

① 万辅彬等：《大器铜鼓：铜鼓文化的发展、传承与保护研究》，北京：中国科学技术出版社，2013年，第104页。

就业机会的宽广与生活的丰富多彩使年轻人更多的向往城市而不是留在乡村，这就导致乡村年轻人口越来越少，而以乡村为主要活动空间的铜鼓文化就不可避免地出现无人继承的尴尬情况。

另外，由于现代科学知识的普及，少数民族地区民众对于铜鼓的看法也发生了巨大的变化。早期人们视铜鼓为神器，无论是使用还是收藏都十分郑重和细心，许多家族还将铜鼓作为家藏重器而世代流传，因而才能有大量的传世铜鼓历经千年风雨流传下来。但是时至今日，科学使铜鼓在大多数人眼里已经失去了圣物的身份，而归为一般的乐器和文物。

随着传世铜鼓的稀缺，铜鼓的市场价值也越来越高，大部分铜鼓的估值都在数万元左右，而年代早、纹饰精的铜鼓更估价到百万元以上。在2009年北京保利春季拍卖会上，一件明代麻江型铜鼓拍出了336000元的价格，在2013年大唐国际艺术品香港拍卖有限公司秋季艺术品拍卖会上，一件汉代石寨山型铜鼓拍出了253000元的价格。因此，一些人为追求经济利益将自家的传世铜鼓变卖，甚至部分人干起了盗窃铜鼓、倒买倒卖、走私出国的勾当。广西河池当地政府也曾三令五申禁止买卖铜鼓，意图保护这一珍贵的文化遗产，但是效果甚微，买卖铜鼓之风仍然屡禁不止。

（3）铜鼓的自然损耗

铜鼓是金属制品，这一属性使其不易保存，现在主要使用的传世铜鼓麻江型铜鼓由于年代较晚，所以多数还保存完整，但是年代较早的几个类型的铜鼓则多数都已破损，仅可修复后作为文物展出。加之铜鼓作为少数民族群众使用的乐器，长时间的敲击使鼓面不堪重负，许多铜鼓鼓面出现了开裂、破损的情况，声音不再悦耳，甚至无法再进行演奏。广西河池市2000年曾组织人员对该市辖区内6个乡镇35个自然村的铜鼓进行调查，调查结果显示，87面铜鼓中只有22面完好无损，65面局部破损，其中9面已经完全无法使用，完好无损的仅占总数的25.29%。同年，广西宜州市举办的河池地区第二届铜鼓山歌艺术节，东兰县所带去的150面铜鼓，竟然有66面有不同程度的破损。东兰县是河池市民间铜鼓比较集中的地区，铜鼓的损耗情况也十分严重。

通过以上三点可以得出一个结论：由于传世铜鼓的稀缺性、历史原因和自然损耗使广西铜鼓的保有量有减无增，现代文化的影响又使铜鼓文化的传承出现了断层，这些因素共同导致了曾经盛极一时的广西铜鼓文化的衰败，而广西的状况也反映了整个西江流域铜鼓文化的衰落趋势。

第四节　广西复兴铜鼓文化的努力

如何改变目前铜鼓文化面临的困境，使铜鼓文化焕发生机和活力，从而实现西江流域铜鼓文化的价值共享，这是一个值得我们深入研究的课题。近几年随着国家对于非遗的重视，广西逐渐走在了南方各省甚至东南亚国家铜鼓文化复兴的前列。通过了解广西对于铜鼓文化复兴所做的努力，以及取得的成效，可以促进西江流域多个地区铜鼓文化的复兴。

1. 铜鼓铸造技艺的复兴与广西政府对非物质文化遗产保护的努力

关于铜鼓铸造技艺的研究，广西学者做出了不懈的努力。1982年广西壮族自治区博物馆对92面铜鼓进行取样分析及精确测量，得出了许多重要数据；1991年广西民族学院（今广西民族大学）等机构复制北流101号铜鼓并初步取得成功；1996年起河池地区文物管理部门与北京科技大学合作进行民间铜鼓的铸造试验，1999年，试制的3面铜鼓在河池市东兰县的少数民族群众中成功使用。

近年来，广西一些地区有技术的少数民族群众也开始尝试铸造铜鼓，在东兰县、环江县等壮族地区，建造了多个铜鼓铸造厂，成功生产出多种麻江型、冷水冲型铜鼓，行销全世界。

其中广西环江毛南族自治县的韦启初、韦启参兄弟于20世纪90年代就开始了铜鼓的复制试验，通过十几年的努力，在2002年成功掌握了铜鼓一次性成型铸造技术及其他核心工艺，并在2008年又掌握了比较成熟的大型铜鼓铸造工艺，得到了社会各界的关注和重视。

韦启初、韦启参兄弟两人同为自治区级非物质文化遗产"壮族铜鼓铸造技艺"代表性传承人，2004年二人创办了环江新蒋仿古壮族铜鼓铸造厂，位于环江毛南族自治县驯乐乡上朝社区。该厂每年生产销售上万个礼品型铜鼓，五六千个民间自用铜鼓，年产值超千万元，是目前我国规模最大的铜鼓铸造加工厂。

韦氏铜鼓厂近年来最大的影响是铸造了多面大型装饰性铜鼓。2008年，为广西壮族自治区博物馆铸造了一面直径为2.08米的巨型铜鼓。2010年，为贵州省凯里市雷山县人民政府苗人节活动铸造铜鼓两面，每面面径3.61米，高1.6米，重达5吨。2015年，为桂林阳朔一家公司铸造一面巨型铜鼓，直径4.2米，高 2.6 米，耗铜近 8 吨，造价 100 多万元。2018 年，为环江县铸造了一面重达 50 吨的双面铜鼓，成为世界之最，入选吉尼斯世界纪录（图四六、图四七）。

图四六　环江世界铜鼓王铸造场景

图四七　环江世界铜鼓王成品

韦启初 1963 年出生，韦启参 1965 年生，一家四兄弟，韦启初排行老二，韦启参排行老三，一家人除了大哥，三兄弟都在厂里干活，他们的儿子、女儿、女婿都是厂里的学徒。据韦启初说，他们家祖辈世代为铁匠，爷爷曾经还是当地有名的铜鼓铸造艺人，但因为当时群众生活较贫苦，只有富裕人家才能买得起铜鼓，所以铜鼓的需求量不大，一家人主要还是以打铁补锅为生，铜鼓铸造技术也渐渐遗忘。20 世纪 90 年代初，兄弟俩继承了父亲的铁铺，一直给人补锅补盆，打制农具。这期间经常有贵州的群众拿破损的铜鼓让他们修补。经过考察，他们发现云桂黔一带少数民族群众对铜鼓特别热爱，铜鼓需求量特别大。于是他们开始一边补锅一边试做铜鼓，模型从木架子换成了铁架子，并从各地搜集不同年代的铜鼓，仿制它们的花纹和图案，并不断完善调音技术。

"开始我们的铜鼓腰身分成4块来拼接，但是发现鼓身和鼓面焊接完后，铜鼓敲不出声，后来才知道鼓身需一次成型，不得拼接！"韦启参笑说。

经过多年的摸索和实验，兄弟俩终于重新掌握了已失传近200年的铜鼓一次性成型铸造技术及其他核心技艺。2000年，他们拿着100多面工艺铜鼓到贵州景区去推销，不到一个上午，铜鼓就卖光了，这让他们兴奋不已。2004年，他们正式开始办厂造铜鼓。随着铸造技艺的不断成熟，他们接到了越来越多的订单，产品远销法国、东南亚等地，并为上海世博会、东盟博览会等大型活动生产供应了几万套礼品铜鼓。建厂十几年，他们铸造的铜鼓大大小小已有10多万面。目前，直径小到5.5厘米，大到4米的铜鼓他们都可以制作出来。

韦启初回忆称，2010年10月，他们将铜鼓运到贵州雷山，中途在南丹县停留期间，几位白裤瑶妇女摸着铜鼓上的花纹，竟然激动得哭起来。这让兄弟俩很受触动，铜鼓是人民生活的吉祥物，是民族文化的瑰宝，他们下决心一定要好好造铜鼓，将这门技艺传承下去。[①]

随着我国近年来对非物质文化遗产的重视程度提高，广西壮族自治区人民政府也积极出台相关政策法规、设立相关机构推进非物质文化遗产的保护工作。2005年，广西壮族自治区人民政府第十届人民代表大会常务委员会第十三次会议通过了《广西壮族自治区民族民间传统文化保护条例》，通过立法的形式，保护、继承和弘扬民族民间优秀的传统文化。广西是全国第四个通过立法的形式对民间传统文化进行保护的省份。同年，自治区又出台了《广西壮族自治区人民政府关于加强我区非物质文化遗产保护工作的意见》（以下简称《意见》），《意见》系统提出了自治区保护非物质文化遗产的相关意见，提出"培育具有广西特色的民族文化，建设'文化广西'"。同时《意见》还提出建立广西非物质文化遗产保护工作联席会议制度，以统一协调非物质文化遗产保护工作。2006年和2009年，广西壮族自治区又成立了广西非物质文化遗产保护中心和广西非物质文化遗产研究中心两个重要的机构。此外，广西壮族自治区还通过积极申报国家级非物质文化遗产和评选自治区级非物质文化遗产来达到保护宣传的目的，其中"壮族铜鼓习俗"成为首批国家级非物质文化遗产，韦启初、韦启参兄弟也成为自治区级非物质文化遗产"壮族铜鼓铸造技艺"代表性传承人。2015年，而韦启初的大儿子韦总新和韦启参的儿子韦新蒋在环江县文化馆的推

---

① 河池日报记者冯敏桂，通讯员韦继辉、李建华：环江鼓王兄弟铸造世界最大铜鼓。http://news.hcwang.cn/news/201599/news5444128132.html

荐下，也向上级申报成为自治区级非物质文化传承候选人，韦氏兄弟的铜鼓铸造技艺终于有了接班人。

广西壮族自治区通过出台一系列保护民间传统文化和非物质文化遗产的法律法规，表现了对复兴铜鼓文化积极的态度。能够铸造可以使用的铜鼓，是打破传世铜鼓愈加稀缺的唯一办法。自治区出台的一系列法律法规，也给各地政府提供了保护非物质文化遗产工作的明确依据。

2. 民间铜鼓节庆活动的恢复

20世纪70年代末，中国将重心重新转移到经济建设上来，实行改革开放。20世纪末，随着国民经济的稳步提升，文化的重新繁荣，少数民族群众的传统习俗、节日也逐渐得到恢复。例如，生活在红水河流域的一些壮族村寨就将"文化大革命"时期停止的传统节日"蚂𧊅节"重新操办起来。"蚂𧊅节"即青蛙节，这是壮族群众一年中十分重要且庄重的节日。在"蚂𧊅节"中，从请蚂𧊅开始，中间经过游蚂𧊅、葬蚂𧊅，到最后的唱蚂𧊅歌、跳蚂𧊅舞，这些程序都需要演奏铜鼓，也就是说铜鼓贯穿了"蚂𧊅节"的始末。又如生活在桂西地区的瑶族布努族系的番瑶，他们一年中最重要的节日是祝著节（也称达努节），相传是为了纪念瑶族始母密洛陀的生辰。祝著节中最重要的活动就是打铜鼓和跳铜鼓舞，往往节日前数天，有铜鼓的家庭就已经择吉日举行"开鼓仪式"了。节日开始后，男女老少都着盛装到一起聚会，并且走街串巷敲到铜鼓，十分热闹，节后他们还要举行"封鼓仪式"，此后直到下次举行开鼓前都不得再敲打。生活在广西那坡的彝族群众，在其重要的节日"跳弓节"时，会举行祭祀活动，男女着盛装欢聚于村寨广场上，跳铜鼓舞、五笙舞、铜仙舞等，祈求风调雨顺，五谷丰登。

除了广西少数民族群众自发恢复的与铜鼓相关的传统节庆，地方政府也举办了许多铜鼓节庆活动。1999年，河池地区（今河池市）举办了第一届河池铜鼓山歌艺术节，并规定每年一届，由河池地区的金城江区、宜州市、大化瑶族自治县、南丹县、天峨县、罗城仫佬族自治县、都安瑶族自治县、巴马瑶族自治县、环江毛南族自治县、凤山县、东兰县等11个县市区轮流举办。截止到2016年，河池铜鼓山歌艺术节已成功举办了17届（2010年由于自然灾害停办一年）。河池铜鼓山歌艺术节的举办，使河池地区的铜鼓山歌文化得到大力弘扬，获得了国内外的一致赞赏，因此，河池铜鼓山歌艺术节得以与南宁国际民歌艺术节、桂林山水旅游节并列为广西三大艺术节。而河池地区铜鼓分布最密集、被称为"中国铜鼓之乡"的广西东兰县，在2011年成功举办了"首届东兰国际铜鼓文化旅游节"。

随着广西民间少数民族村寨群众自发的恢复传统节庆和广西地方政府举办铜鼓文化节，推动了铜鼓文化复兴的脚步，在带动当地经济发展的同时，也扩大了广西和广西铜鼓在全国甚至全世界范围内的知名度，而铜鼓也成了广西的特色名片之一。

3. 广西城市建设中的铜鼓艺术

现代城市在建设过程中，不仅要为居民提供便捷的服务，还要突出地方特色，加强文化建设。铜鼓艺术来源于少数民族，体现了少数民族地区的文化特征、审美情趣和价值取向。广西是一个多民族聚居的地方，有着丰富多彩的民族文化元素，铜鼓艺术就是其中之一。将铜鼓艺术风格融入广西的城市建设当中，符合现代城市建设的理念。

例如坐落于广西壮族自治区首府南宁市的广西民族博物馆，不但主体建筑外观取材于富有广西特色的铜鼓（图四八），而且从博物馆大门到室内设计都采用了大量的铜鼓元素，如舞蹈纹、太阳纹、翔鹭纹、划船纹、钱纹等纹样。从高空俯视整个广西民族博物馆，可以看到，整个博物馆建筑如一只展翅的"鲲鹏"，遨游于青山绿水之间，寓意广西各民族团结奋进、欣欣向荣。又如广西壮族自治区博物馆，其文物苑内建有几个大小不一的茶楼，皆为铜鼓造型，外观错落有致，别具一格。再如广西壮族自治区图书馆，其主楼外观采用铜鼓风格设计，"铜鼓"鼓面朝上，鼓面即图书馆大厅穹顶，穹顶内部采用通透材质，兼具采光的同时富有艺术感。

图四八　广西民族博物馆主体建筑的铜鼓造型

除了建筑外形直接模仿铜鼓以外，广西许多地市还常常将铜鼓造型艺术融入城市的公园、广场、车站等人流量较大的地方。例如南宁市人民公园中的铜鼓石雕、南宁市琅东汽车站站前的铜鼓塑像、百色市火车站站前广场大型句町铜鼓塑像（图四九）、南宁市火车东站站前广场的大型铜鼓塑像（图五〇）、河池市铜鼓广场（图五一）等。

图四九　广西百色市火车站站前广场铜鼓塑像

图五〇　广西南宁市火车东站站前广场铜鼓塑像

图五一　广西河池市铜鼓广场

2018年6月29日,广西环江毛南族自治县迎来2018年毛南族分龙节暨第四届世界自然遗产文化旅游节,最引人注目的是一面鼓面直径6.68米、鼓身厚度2.88米、重50吨的双面铜鼓,通过了"世界最大铜鼓"吉尼斯世界纪录认证,成为世界铜鼓王(图五二)。这面铜鼓由广西壮族自治区非物质文化遗产壮族铜鼓铸造技艺代表性传承人韦启初设计,环江韦氏民间铜鼓王族传承文化工艺铸造厂30多名工人历经10个月铸造而成。授匾仪式上,来自云南、贵州和广西东兰、南丹的铜鼓队与环江祥鼓队共1000多名演员同时敲响1000多面鼓,千鼓贺鼓王场面十分震撼。这面世界上最大的双面铜鼓最终落座环江花竹帽广场,给环江旅游带来巨大人气。

图五二　广西环江花竹帽广场上50吨重的"世界铜鼓王"

不仅如此，在广西许多城市的街道、桥梁、楼堂馆所等区域，都装饰有大量的铜鼓艺术花纹。例如在南宁市壮锦大道、民族大道、七星路、星湖路、南湖大桥等街道、桥梁上既装饰有铜鼓花纹的护栏，还安装了设计成铜鼓鼓面纹饰的排水井井盖。在广西人民会堂、南宁市人民会堂、中国人民银行广西分行、广西展览馆、广西质量技术监督管理局、广西第八人民医院等建筑内外，均装饰有铜鼓浮雕或铜鼓鼓面雕塑。

以上这些在广西城市建设当中采用的铜鼓艺术风格，不仅展现出了广西铜鼓文化的深厚底蕴，而且作为一个长久的、固定的人文景观，大大宣传了铜鼓文化。

第五节 西江流域其他省份铜鼓文化的保护状况

除了广西以外，我国的云南、贵州、广东等省都是铜鼓分布的主要地区，这些地区同广西一样，在铜鼓文化的保护问题上都面临着严峻的形势。可喜的是，近年来，各地逐渐开始着手施行铜鼓文化的保护措施，取得了一定的成果。

1. 云南地区铜鼓文化的保护状况

历史上云南不仅是铜鼓文化的发源地，并且全省大部分地区都使用过不同类型的铜鼓。但是时至今日，云南仅以西盟佤族自治县为中心的中缅交界地区和以文山壮族苗族自治州为中心的滇桂交界地区还在使用铜鼓，较之前范围大大缩小。而且这些地区壮族、佤族、彝族、布依族等少数民族使用的铜鼓类型也从古代的多种类型变为仅有麻江型和西盟型两种。

造成云南地区铜鼓文化现状的原因主要有以下三个：

首先，云南南部的中缅交界地区和东部的滇桂交界地区，历来群山环绕，交通闭塞，土著族群较少与外界沟通，外来文明亦进入困难，这就使得少数民族的原始文化得以较好地保存下来。加之壮族、佤族、彝族、布依族等少数民族重视民族文化的延续，所以在云南大部分地区不再使用铜鼓的情况下，当地仍然能够部分保留使用铜鼓的习俗。

其次，1949年后的数十年间，在特定历史时期，云南地区大量的铜鼓也遭到毁灭性的破坏。例如，1984年在云南省罗平县进行第二次全国文物普查时，调查发现的布依族传世铜鼓仅有8面。而罗平县是云南省布依族人口最多的一个县，约占云南全省的70%。布依族群众自古以来就有使用铜鼓的习俗，但大量铜鼓遭到了毁坏，所剩无几。20年之后，到了第三次全国文物普查时，罗平县原来保存的8面传世铜鼓已经仅余2面，剩下6面不知去向，或为损坏后被当作废铜卖掉。

再次，随着铁路、公路、高速铁路相继普遍开通，更多的年轻人愿意走出大山，而不再固守乡土。老一辈所留下的铜鼓习俗无人继承，这也使得铜鼓文化的传承出现了断代甚至灭绝的现象。

虽然云南地区铜鼓文化的保护形势不容乐观，但是云南仍然做了大量工作，摸索出一条适合本省省情的铜鼓文化复兴之路。

在政策方面，云南省于1984年11月根据《中华人民共和国文物保护法》制定了符合本省实际的《云南省关于〈中华人民共和国文物保护法〉的实施办法》，为全省的文物保护奠定了法律基础。之后，随着非物质文化遗产越来越受到重视，云南省积极响应中央关于非物质文化遗产的保护政策，于2010年和2013年先后出台了《云南省非物质文化遗产项目代表性传承人认定与管理办法（试行）》和《云南省非物质文化遗产保护条例》。这从法律法规的角度上加强了对非物质文化遗产保护、继承和弘扬各民族优秀传统文化的力度，为保护、传承和发展铜鼓文化奠定了基础。

在博物馆职能方面，云南各级博物馆充分发挥保管、收藏、研究、宣传、教育的各项职能。早在1959年，云南省博物馆就从馆藏铜鼓中挑出40面，出版了《云南省博物馆铜鼓图录》一书。同时，各级博物馆注重对出土和传世铜鼓的收藏、保管与维护，仅云南博物馆一馆就收藏有各类铜鼓一百多面，其中包括十分重要的万家坝型和石寨山型铜鼓。同时，各级博物馆也十分重视对于铜鼓文化的宣传，例如在云南省博物馆的基本陈列《文明之光——青铜时代的云南》和《南中称雄——东汉至魏晋时期的云南》中，将铜鼓融入历史叙事中去，起到了很好的宣传效果。又如昆明市博物馆的基本陈列《滇池地区青铜文化精品展》，重点展示了滇池地区的青铜器物，其中以江川李家山和晋宁石寨山出土铜鼓最为重要。再如楚雄彝族自治州博物馆的基本陈列《历史文物厅》，基本呈现了从旧石器时代到明清时期楚雄地区的发展脉络，在第三单元青铜器时代中重点展示了万家坝型铜鼓。

除了云南各级博物馆的常设展览之外，铜鼓文化还从云南走向了全国各地。例如在2014年，楚雄彝族自治州博物馆和广州博物馆合作推出了专题展览《威楚彝韵——云南楚雄彝族文化展》，该展览通过展出包括万家坝型铜鼓在内的

200 余件展品，宣传了楚雄的彝族文化和铜鼓文化。

在学术研究方面，云南地区高等院校、文博单位等机构对云南地区铜鼓进行了大量的学术研究、考古发掘和田野调查。自 1949 年后，先后对楚雄万家坝墓葬群、祥云大波那墓葬群、晋宁石寨山墓葬群、江川李家山墓葬群等重要遗存进行了考古发掘，出土了一批重要的早期铜鼓。与此同时，各地文保部门还对全省进行了多次铜鼓普查，摸清了云南铜鼓的数量和保存情况。这些工作，为保护研究云南地区铜鼓文化奠定了基础。

2. 贵州地区铜鼓文化的保护状况

贵州地区历史上是遵义型铜鼓、麻江型铜鼓的发源地，使用铜鼓的地区范围很广，但是如今仅黔西南、黔南等与云南、广西接壤地区的苗族、瑶族、水族、壮族、侗族、布依族等地方少数民族群众仍在使用。由于铸造技艺的失传，传世铜鼓的数量日渐稀少。

造成这种局面的原因有以下几个方面。

首先，黔西南和黔南与广西、云南接壤地区山脉、丘陵错综复杂，交通极其不便，原始文化不易被外部因素破坏，加之这几个地区活跃的少数民族大致都是壮、苗、瑶、侗、布依等，文化相通，所以铜鼓文化得以在黔西南、黔南地区留存。在铜鼓类型上，黔西南、黔南也与广西西部、云南东部一致，都是麻江型铜鼓。

其次，与广西、云南的情况相似，贵州铜鼓在 1949 年后的特殊历史时期也遭到大量破坏。例如贵州三都水族自治县，县域内生活着众多水族、苗族、布依族等历来有使用铜鼓传统的民族。据调查，1958 年以前全县约有铜鼓 1600 面以上，一个水族群众聚居的村寨里一般都有数面铜鼓。而 1984 年进行第二次全国文物普查时，贵州三都水族自治县全县仅剩铜鼓 314 面[①]。造成铜鼓数量急剧下降的原因，一方面是因为一些少数民族群众受到当时的影响，将铜鼓当作废铜以极低的价格卖掉，另一方面是因为在特殊历史时期，铜鼓作为封建糟粕被砸烂、收缴，而使用铜鼓更是当作封建活动被加以禁止。到了改革开放时期，铜鼓市场价值逐渐提高，一些不法分子利用部分少数民族群众经济困难或贪图钱财的心理，走私贩卖铜鼓，造成本地铜鼓外流。

剩余的 300 多面铜鼓得以幸存，主要是由于部分村寨地理位置偏僻，受影

---

① 焦斌：《贵州三都水族自治县的铜鼓现存情况及其他》，《贵州民族研究》1984 年第 4 期。

响相对较小，同时也得益于一些少数民族群众自发的保护。除传世铜鼓之外，在 1981 年，贵州黔东南苗族侗族自治州政府曾委托上海、武汉、成都等地的乐器厂为当地少数民族群众仿制了一批麻江型铜鼓，并以优惠的价格卖给群众，也取得了较好的效果。

最后，在市场经济条件下，人们的生活方式发生巨大改变，铜鼓文化的传承出现断代，这与云南、广西各地的情况类似。

对于如何保护包括铜鼓文化在内的少数民族优秀文化，贵州结合本省实际，统筹发展，走出了一条适合省情的新路。例如贵州省在 2002 年出台了《贵州省民族民间文化保护条例》，2005 年又出台了《贵州省文物保护条例》，这两部法规为保护贵州省省内的文物、民族风俗文化奠定了法律基础。随着保护非物质文化遗产工作在全国范围内的展开，贵州省根据《中华人民共和国非物质遗产法》，并结合本地实际，于 2012 年出台了《贵州省非物质文化遗产保护条例》。以上法律法规的制订，使保护和传承铜鼓文化有了法律保障。在考古发掘和学术研究上，贵州省各级文物考古部门取得了丰富的成果，博物馆使发掘中出土的古代铜鼓都能够得到较好的保存。与此同时，各地方政府还积极开发与铜鼓相关的旅游文化资源，在节会上举办铜鼓表演，扩大了影响，在为当地老百姓带来经济利益的同时宣传了铜鼓文化。

3. 广东地区铜鼓文化的保护状况

广东西部历史上是粤式铜鼓的主要分布地区，但是自唐代以后，广东就逐渐退出了铜鼓的历史舞台。原因主要有以下三个。

首先，唐代以后，随着粤式铜鼓的消亡，中国南方铜鼓的整体趋势由向东扩展逐渐变为向西、向南回溯。铜鼓类型中时代最晚的遵义型、麻江型铜鼓的分布范围均以贵州为中心，其余还分布在桂西、桂西北、滇东南、滇东北、川南、川北、湘西等地区，而粤桂交界的云开大山区，即原"粤式铜鼓"的分布地区，铜鼓文化逐渐消失。广东西部这一地区在唐代以后就逐渐丧失了使用铜鼓的习惯。

其次，唐代以前，广东西部一直为少数民族的活动区域，而汉族多活动于珠三角地区。唐代以后，随着内地连年战乱，汉族人口不断南迁，使得广东地区的汉族数量激增且达到饱和，一部分汉族人口沿西江向西扩散，在为广东西部地区带去先进文明的同时挤压了少数民族的生活空间。这些少数民族一部分被汉族同化，从而失去了原有的少数民族风俗，另一部分则被迫向西迁徙，融入广西、云南等其他地区的相同或相似的少数民族族群当中。

最后，唐代及以后的历届中央政府都对属于岭南地区的广东西部加以严格控制，一方面由中央任命的行政官员直接进行管理，另一方面又多次出兵镇压岭南地区酋首的叛乱，这些举措都加速了当地族群政体的土崩瓦解，而作为当地少数民族首领权力代表的粤式铜鼓也就随之覆灭。

目前，广东现存的铜鼓基本都保存在各地市的博物馆等文博机构当中。据1994年的统计数据，广东全省博物馆收藏的铜鼓约有175面，其中大部分为北流型和灵山型铜鼓，极个别为麻江型铜鼓[①]。在铜鼓文化的保护策略上，广东省更多的还是立足现状，利用本省经济优势，做好博物馆对出土铜鼓和传世铜鼓的收藏、保管工作，同时加强了与广西、云南等省市博物馆的合作，举办合展、临展等专题展览，在展览过程中也注重对铜鼓的宣传和对参观游客的教育。

第六节　西江流域铜鼓文化保护与传承的对策

在当代历史条件之下，振兴铜鼓文化，可以从以下几个方面入手。

1. 加快恢复传统铜鼓的铸造技艺

铜鼓是金属制品，本身就极易损坏，而传世铜鼓的流传常常超过百年，又经常反复使用，所以更加容易损坏。由于种种原因，传统铜鼓的铸造技艺早已失传，这就造成存世铜鼓的数量日益稀少。作为西江流域铜鼓文化的基础，铜鼓的缺失对铜鼓文化的传承是毁灭性的。近年来，广西、云南、四川、河南等地的工艺品厂大量仿制铜鼓，但是这些铜鼓仅属于工艺品，并不能作为实物使用。广西环江、东兰等地的壮族同胞也开始尝试恢复铜鼓铸造技艺，并取得了一定成果，但是这一成果目前还仅停留在小范围试制上，还没有得到大范围推广。所以，恢复传统铜鼓的铸造技艺，早日造出少数民族群众用得上的铜鼓是当务之急，从而给铜鼓文化的传承提供有力的物质保障。

2. 完善和铜鼓文化相关的政策法规

在铜鼓非遗文化保护和复兴的问题上，应充分发挥政府决策者和领导者

---

① 张均绍：《高州铜鼓概略》，《铜鼓和青铜文化的再探索——中国南方及东南亚地区古代铜鼓和青铜文化第三次国际学术讨论会论文集》，南宁：民族艺术杂志社，1997年，第117页。

的作用。首先,在文化多样性的大背景下,把握好国际、国内文物保护和非物质文化遗产保护的新形势,同时结合本地实际积极出台相关的政策法规,使铜鼓文化的复兴能够做到有法可依。其次,做好政策法规颁布后的推行、引导和宣传工作,建议国家或地方财政上对铜鼓文化的保护项目适当给予支持,要让广大人民群众树立起保护铜鼓和铜鼓文化的法律意识,同时各级公安机关和文物纠察部门要加强对盗窃抢劫、蓄意破坏、走私贩卖铜鼓等违法犯罪活动的打击力度。

这个过程中需要重视几个问题。一是政策要有延续性,杜绝政绩工程和大操大办。二是充分发挥民间力量的作用,铜鼓文化来源于少数民族的生活中,也应该由少数民族群众重新将其发扬光大,回归日常生活,政府为之提供适宜的政策、平台和资金支持,做好统筹安排。

3. 发挥博物馆在铜鼓文化复兴中的作用

我国在1979年通过的《省、市、自治区博物馆工作条例》中对博物馆的职能有明确定义:"省、市、自治区博物馆是国家举办的地方综合性或专门性博物馆,是文物和标本的主要收藏机构、宣传教育机构和科学研究机构,是我国社会主义科学文化事业的重要组成部分。"我国当代博物馆事业迅猛发展,在文物保护、展览和社会服务方面都发挥了重要作用,具体到铜鼓文化的保护问题上,西江流域各省市博物馆也做了大量工作,取得了可喜的成果。特别是处于核心位置的广西壮族自治区博物馆和广西民族博物馆,和本地铜鼓文化结合最为密切,利用铜鼓收藏较为充分地发挥了博物馆的各项职能。

博物馆在当代非物质文化遗产的保护和传承中的作用也越来越受到重视,国务院于2005年颁布的《国务院办公厅关于加强我国非物质文化遗产保护工作的意见》指出:"各级图书馆、文化馆、博物馆、科技馆等公共文化机构要积极开展对非物质文化遗产的传播和展示。"这份文件的出台明确了博物馆在传播、展示非物质文化遗产中的地位,随之也成了各界讨论的热点话题。例如赵东菊在《博物馆与非物质文化遗产的互动》一文中认为:"博物馆和非物质文化遗产之间都是相互渗透和不能分离的,博物馆离不开非物质文化遗产,非物质文化遗产也离不开博物馆,双方是一个互动的过程。"[①] 又如关昕在《非物质文化遗产保护与博物馆发展新趋向》中也提到:"非物质文化遗产的语境为博物馆扩充了

---

① 赵东菊:《博物馆与非物质文化遗产的互动》,《广西民族研究》2006年第2期,第202页。

观念与视野,引发了其功能的发展和延伸。"①

由此可见,铜鼓和铜鼓文化作为我国重要的物质和非物质文化遗产,博物馆在参与铜鼓文化的研究、保护和复兴中时,不应只是起到保管作用,而是应当把保管收藏职能、学术研究职能和宣传教育职能有机结合起来。

具体来讲包括以下方面:

(1)发挥博物馆在保护与传承铜鼓文化方面的保管收藏职能

保管收藏是博物馆的传统职能,而在非物质文化遗产的保护上,张雪晨在《从日照农民画看非物质文化遗产实物资料的入藏及展示》一文中提到,"非物质文化遗产很多都是文物或最终是以文物的身份入藏博物馆的。由于博物馆特殊的保管和展示条件,入藏博物馆从某种意义来讲,可以说是实物资料的最好归宿。而保护和保存非物质文化遗产实物资料,并将其展示给社会公众,也是博物馆的职责所在。"②铜鼓文化是非物质文化遗产的一个门类,铜鼓作为其主体实物资料,传世品多收藏在民间少数民族群众手中,而考古出土品大都收藏在各级博物馆、文化馆、考古所等机构。除了少数几个大型博物馆外,多数单位在铜鼓的保管收藏上都仅仅是置于仓库,尤其是地方小型博物馆因为资金和技术人员有限,存在各种问题,例如文物保管设备不够完善、文物维护技术不够成熟、文物管理制度不够规范等,于是导致一些铜鼓出现氧化、破损或丢失,造成了不可挽回的损失。

所以,博物馆在保管收藏铜鼓时,应采取以下几项措施。

首先,铜鼓收藏较多、有条件的博物馆应积极向国家、省、市等各级政府文保部门申请铜鼓保管收藏维护专项资金,以添置设备,改善铜鼓保存条件。

其次,利用一部分专项资金,参观了解其他优秀博物馆的先进经验,提升本博物馆的文物保管水平。在博物馆文物库房管理方面国内外学者作了大量的研究,可以作为参考。

最后,向在铜鼓维护方面做得较好的博物馆学习交流,培训掌握铜鼓维护修复技术的相关人才。

(2)加强博物馆在保护与传承铜鼓文化方面的学术研究职能

博物馆在进行学术研究时,应当从馆藏铜鼓出发,对收藏铜鼓进行精确测量、绘图、拍照,数量多者可以出版铜鼓图录,数量少者则可以将其出土或者

---

① 关昕:《非物质文化遗产保护与博物馆发展新趋向》,《博物馆研究》2007年第3期,第40页。
② 张雪晨:《从日照农民画看非物质文化遗产实物资料的入藏及展示》,《中国博物馆》2010年第1期,第45页。

搜集背景、详细数据等资料发表。我国博物馆铜鼓研究面临着一个问题，就是各博物馆收藏的铜鼓数量不一，并且十分分散，上到国家博物馆，下到县区的文管所都有收藏，铜鼓编号也比较混乱，有时候出现一鼓多号的情况，这些都造成了铜鼓研究的不便。针对这种情况，一些地方也陆续出版了整合当地铜鼓资源的著作，如广西博物馆与广西文物考古研究所联合编著的《河池铜鼓》及广西博物馆、广西文物考古研究所和越南国家历史博物馆联合编著的《越南铜鼓》等。但是，这些都还是地方性的著作，并没有涉及其他地区的铜鼓情况。在国家统筹之下，全国收藏有铜鼓的博物馆应该联合起来，整合资料，对所有馆藏铜鼓尽量统一编号。在有条件的前提下，以图文并茂的形式出版中国馆藏古代铜鼓集，其中要包含各铜鼓的收藏地、类型、各项数据，出土品要包含出处。这样既可以对我国馆藏铜鼓情况做一个大排查，摸清家底，更加方便地为铜鼓研究者提供翔实可信的资料，也可以更好地保护馆藏铜鼓。

此外，在铜鼓研究时，博物馆应当积极同当地高校、文物部门、非物质文化遗产保护部门进行学术合作，相互交流，相互借鉴。

（3）发挥博物馆在保护与传承铜鼓文化方面的宣传教育职能

1949年后，我国各级政府一直十分重视对观众的宣传教育工作，在出台有关博物馆的指导性文件时都一再强调博物馆的宣传教育职能。2015年，为促进我国博物馆事业的发展，满足公民精神文化需求以及提高思想道德和科学文化素质的需要，国务院出台了最新的《博物馆条例》，条例中再次明确了博物馆的定义："本条例所称博物馆，是指以教育、研究和欣赏为目的，收藏、保护并向公众展示人类活动和自然环境的见证物，经登记管理机关依法登记的非营利组织。"同时，条例中还提出国家鼓励博物馆对公众免费开放，而免费开放所带来的大量观众则增强了博物馆宣传教育工作的重要性。

针对以铜鼓为主的博物馆或收藏有铜鼓的博物馆，在宣传工作上应做到以下几点。

首先，铜鼓收藏数量较多的博物馆可以布置一个或多个展厅的专题固定展览，作为本馆的特色。例如广西民族博物馆设计陈列的《穿越时空的鼓声——铜鼓文化》专题展览，集本土性、通俗性、科学性、教学性为一体，使观众在浏览完之后能对铜鼓有一个大概的了解。该展览一经展出就获得了观众们的一致好评，并多次到全国各地的博物馆进行巡展，宣传和介绍了铜鼓文化。而铜鼓收藏数量较少的博物馆则可以在当地的通史类固定展览中，将铜鼓作为其所属时代的一类文物来展出，在铜鼓所在的展厅说明中要将铜鼓写入历史发展的进程，并在铜鼓的文物说明牌上标明其出土或搜集地点、时代、各项数据等。这样虽然馆藏铜鼓少，但是将其放到地区历史发展的进程中，仍然可以起到画龙点睛的作用。

其次，随着互联网技术的日益进步，人们可以足不出户地了解自己想知道的信息。博物馆应该抓住机会，积极建设博物馆网站，设计铜鼓相关的板块，将馆藏铜鼓的照片、年代、各项数据、出土或搜集地点登录入网，方便观众浏览。此外还要积极利用宣传册、宣传页等纸质材料及网络社交工具、新媒体、报纸杂志等信息平台进行宣传，提高馆藏铜鼓对群众的吸引力，让群众走进来，有所看、有所闻、有所想。

目前，博物馆正在积极利用现代科技发展带来的成果。如2016年在成都召开的第七届中国博物馆及相关产品与技术博览会上，四川金沙遗址博物馆和成都武侯祠博物馆展出了利用增强现实技术（Augmented Reality，简称AR）和虚拟现实技术（Virtual Reality，简称VR），以本馆特色人物、藏品符号为素材制作的"指触魔卡"等纪念品，并推出了虚拟考古等VR体验，获得了观众们的喜爱。这种尝试在国内博物馆中并不多见，但大有前途。博物馆完全可以利用AR技术制作出有特色的铜鼓纪念品，还可以利用VR技术推出虚拟铜鼓演奏体验等。但是由于这些新技术近几年才刚刚实装，技术上还不够成熟，操作也比较复杂，目前只相对适合大多数年轻人，但是我们的宣传教育工作本来就是需要随着时代的变化而变化的，积极采用新技术新方法，正是一个博物馆宣教工作应具有的能力。

（4）加强西江流域博物馆之间的馆际合作

应加强西江流域博物馆之间的馆际交流与合作，利用3D数据信息系统建立西江流域各博物馆铜鼓文化的标准数字化交互平台，实现各博物馆馆藏铜鼓文化的信息互联互通、资源共享和业务协同。西江流域各博物馆应该成为该地区合作开发铜鼓文化和普及铜鼓文化的重要阵地。目前西部地区博物馆尚未能很好地运用3D数据信息系统来实现文物数据的科学、精确、翔实保存，尚未能实现文物三维信息的自动管理、检索、报表和展示，而且，各博物馆之间更未展开实质性的馆际之间的数字化交流。以广西民族博物馆为例。登录广西民族博物馆网站，我们可以看到"铜鼓文化"的专栏介绍，其内容包括"广西古代铜鼓研究会""铜鼓研究动态""铜鼓学术研究""铜鼓科普"和"铜鼓数据库"等，但这些内容主要关于铜鼓的概要性介绍。在该馆的"铜鼓数据库"里尚无法详细了解该馆每一面铜鼓的身份证信息，无法查看铜鼓制作的数字化模拟流程，没有铜鼓相关的民歌、民谣、歌舞的视频内容，没有与公众的互动平台，更没有泛北部湾地区其他博物馆网站的友情链接。从广西民族博物馆数字化建设现状，我们也可以看到西江流域各博物馆数字化建设在开发铜鼓文化方面的合作空间。合作的第一步可以从解决数字化博物馆标准化信息问题入手，确立科学合理、切实可行的标准化体系，避免"因馆而异，因物而异"的现象，然后再进一步开展标准化、数字化博物馆合作建设①。

应积极组织与铜鼓相关的宣传教育活动。博物馆可定期邀请铜鼓研究方面的学者组织专家讲解日、铜鼓大讲堂等专业性较强的活动，扩大学术影响力。还可以培训义务讲解员或志愿者队伍，扩大铜鼓的讲解力度。在博物馆外则可以进行铜鼓文化进校园、进社区的活动，让学生和社区居民不用到博物馆也能了解到铜鼓文化相关的知识。此外，南方各省的少数民族众多，其中许多少数民族在历史上都是使用铜鼓的，这些地区的博物馆可以充分利用少数民族传统节日的机会，将便于外展的铜鼓搬出来，组织节日活动，介绍铜鼓及铜鼓文化。

以上三点指出了当代博物馆在铜鼓文化保护与传承方面的作用，但这主要针对的是传统博物馆。近年来，世界博物馆界兴起了一种新的博物馆模式，即生态博物馆。这个概念最早由法国学者乔治·亨利·里维埃（Goerges Henri Riviere）于1971年提出的，1990年由苏东海等人引入我国。生态博物馆是指将一个特定区域内的自然与人文遗产整体保存、保护起来，展示其真实性、完整性、原真性，并使其不间断、持续地发展下去。我国目前已经建立了多个生态博物馆，分布在广西、贵州、云南和内蒙古。

我国古代铜鼓文化的分布地主要是南方少数民族地区，生态博物馆这种新的博物馆形式完全可以运用到铜鼓文化的保护和传承上来，已经建成的广西南丹里湖白裤瑶生态博物馆就是一个很好的案例。南丹里湖白裤瑶生态博物馆将这一地区白裤瑶的铜鼓文化、制度文化、丧葬文化、礼仪文化、织染文化、建筑文化等传统文化整体地活态保护起来，使其能够实现人文与自然相结合的可持续发展，取得了很好的效果。

4. 扶持铜鼓文化非遗传承人

文化是人类在社会历史发展中创造的物质财富和精神财富的总和，所以一

---

① 范丽萍：《铜鼓文化在泛北部湾地区的空间分布与价值共享》，《广西师范大学学报（哲学社会科学版）》2014年第5期，第9～15页。

种文化的承续其根本还是在于创造这种文化的人类的自主行为。铜鼓文化对于许多人来说是略有耳闻,甚至是陌生的,仅仅依靠普通大众去保护传承铜鼓文化只能是无源之水、无本之木。铜鼓艺人们,或者说铜鼓相关的非遗传承人们,他们在几百年甚至上千年的过程中,秉承言传身教、承传有序的优良传统,是传承铜鼓文化的关键所在。所以在新的历史条件下,保护和传承西江流域铜鼓文化的关键就在于扶植铜鼓文化的非遗传承人,这需要政府来主导。一方面,政府通过授予"非物质文化遗产传承人"等荣誉称号的方式,给予一定的经济奖励,鼓励其将相关技艺发扬光大。另一方面,引导传统村寨年轻人,在确保经济生活的同时,在传承人的带领下认识铜鼓,学习铜鼓文化,掌握相关技艺。这个方面广西做得比较好,铜鼓铸造技艺已经入选自治区级非物质文化遗产,熟练掌握铜鼓制造技术的韦启初、韦启参兄弟成为传承人,这鼓励了他们在困难的条件下继续探索的精神,也给予了他们一些实际的帮助。今天,广西民间铜鼓制造技术的复兴,与政府扶持韦氏兄弟这样优秀的传承人密不可分。

5. 企业和个人对铜鼓文化事业的开发

发展铜鼓文化事业仅靠政府的财政支持和普通群众自发的保护是不够的,还需要企业和个人的开发和赞助。首先,文化开发和旅游公司可以对自然风光好、人文景观好、铜鼓文化保存好的少数民族村寨进行整体旅游开发,以民族村寨和神奇铜鼓为宣传口号,在给当地群众带来实惠的同时,宣传少数民族风俗和铜鼓文化,但在实际操作中应当注意避免过度开发,不要破坏了铜鼓文化的良性发展。其次,铜鼓铸造厂一边要继续研发能够使用的质量过硬的传统铜鼓,另一边还要继续生产铜鼓工艺品和旅游纪念品。再次,愿意投身于我国文化遗产保护公益事业的企业家们,可以对铜鼓文化的保护、宣传和研究提供一定的经费赞助。

6. 媒体的宣传

充分利用报刊、影视、互联网等平台,借助舆论的导向力量,积极开展西江流域铜鼓文化的宣传工作。一方面,宣传铜鼓和铜鼓文化的历史,以及介绍保护和传承铜鼓文化的重要意义。这既可以采用刊发文章、出版通俗读物的方式,也可以采用电影、纪录片等形式,后者历史性、专业性、趣味性更强,适合推广。另一方面,对于铜鼓文化的相关知识、保护方法,宣传铜鼓文化传承人及先进事迹，可以通过地方电视台甚至省一级卫视进行专题报道，或新闻插播，既可以扩大受众面，也能够提高铜鼓文化影响力。总之，努力通过媒体宣传，使整个社会形成保护铜鼓文化的环境和舆论氛围。

7. 组织节庆活动

开展形式多样的节庆活动，普及铜鼓文化的内在价值是实现西江流域铜鼓文化价值共享的又一个重要的途径。节庆活动是文化传承的重要表现形式，它对于加强沟通与交流、构建共同的认知具有不可替代的作用。在这方面，广西河池地区的铜鼓山歌艺术节做了有益的尝试。为了弘扬铜鼓文化，中共河池地委、河池地区行署决定于1999年起每年举办河池铜鼓山歌艺术节，由全地区11个县（市）轮流承办。到2013年12月为止，河池的铜鼓山歌艺术节已经举办了15届。铜鼓山歌艺术节的举办，使该地区的铜鼓文化得到进一步的挖掘和传承。2006年，河池市壮族铜鼓习俗被国务院列入第一批国家非物质文化遗产名录；2008年河池地区东兰县成为"中国铜鼓艺术之乡"；随后，河池铜鼓山歌艺术节荣膺"2011中国十大品牌节庆"，并且与"南宁民歌节""桂林山水文化旅游节"并称广西三大艺术节。连年举办的河池铜鼓山歌艺术节产生了一批优秀作品，挖掘、保存了一批濒临失传的民族民间传统节目，在保护和传承非物质文化遗产方面发挥了重要作用。参与了第11届河池铜鼓山歌艺术节的河池市文化广播影视管理局副局长袁俊袖如是说："每一届都是本土民族文化的集中展示，但每届都在发展变化，届届都在创新，这种创新立足于地方民族特色，主题都是突出河池的民族文化。"①

同时我们也应该看到，尽管广西河池地区的铜鼓山歌艺术节在传承铜鼓文化的历史、弘扬铜鼓文化的生命力方面取得了成绩，但是，该地区对铜鼓文化挖掘的努力方向主要限于对广西河池地区铜鼓文化的挖掘、保护与开发，对于如何加强与西江流域其他地区铜鼓文化的合作保护和开发方面的探索还处于起步阶段。

广西东兰县举行的国际铜鼓文化旅游节朝着泛西江流域铜鼓文化的合作保护与开发这个方向跨出了可喜的一步。2011年3月29～31日，广西东兰县举办了首届东兰国际铜鼓文化旅游节。首届国际铜鼓文化旅游节并非一个单一的铜鼓文化节庆活动，它的内容十分宽泛，包括2011中国·东兰山地户外运

---

① 韦凯文：《广西河池铜鼓山歌艺术节完美轮回》，《河池日报》2011年12月7日。

动邀请赛、东兰民间铜鼓收藏馆开馆仪式、东兰铜鼓文化研究会成立仪式暨广西非物质文化遗产铜鼓文化研究基地揭牌仪式、首届东兰国际铜鼓文化旅游节开幕仪式、首届东兰国际铜鼓文化旅游节大型广场鼓乐文艺演出、首届东兰国际铜鼓文化研讨会、首届东兰国际铜鼓文化旅游节"中国西部·东兰山歌大擂台"、首届东兰国际铜鼓文化旅游节"名特优农副产品展销会"和首届东兰国际铜鼓文化旅游节"美食一条街"等。从首届国际铜鼓文化旅游节的丰富内容来看,举办铜鼓文化旅游节的目的更为主要的是发展东兰县的地方经济,但是,尽管如此,在这次国际铜鼓文化旅游节上,云南万家坝型铜鼓、贵州麻江型铜鼓、东兰铜鼓乃至东南亚地区的铜鼓却首次齐聚东兰,以铜鼓为"筋"、鼓乐为"脉"、歌舞节目为"络",演绎了"千年铜鼓,盛世和鸣"的恢宏场面,让与会嘉宾和万名中外游客领略到了铜鼓文化的独特魅力,在一定程度拉开了泛北部湾地区各国铜鼓文化交流与传承的序幕。①

本章从国家关于非物质文化遗产保护与传承的政策解读开始,介绍了"21世纪海上丝绸之路"战略对铜鼓文化保护的助益,并且通过对广西和其他地区铜鼓文化保存现状及复兴思路的论证,从而较为完整地形成了一个当代西江流域地区的铜鼓文化保护与发展思路。脚踏实地,才能展望未来,认清现实,才能有所改变。铜鼓文化的复兴是一个难度较大的复杂过程,需要通过加快恢复传统铜鼓的铸造技艺、完善铜鼓和铜鼓文化相关的政策法规、充分发挥当代博物馆的作用、扶植铜鼓文化相关的非遗传承人、企业和个人对铜鼓文化事业的开发和媒体的宣传等各个层面的群策群力,才能推动西江流域铜鼓文化得以更好地保护和传承。

---

① 范丽萍:《铜鼓文化在泛北部湾地区的空间分布与价值共享》,《广西师范大学学报(哲学社会科学版)》2014年第5期,第9~15页。

第九章　结　语

　　我国著名的铜鼓研究先驱闻宥先生于20世纪50年代曾说过这样一句话："假如有人问，祖国南方一带兄弟民族古代文化的遗留，最重要的是什么呢？我们可以毫不踌躇地回答，是铜鼓。"[①] 正如闻宥先生所说的一样，西江流域地区少数民族古代文化遗留最重要的是什么？仍然是铜鼓。

　　西江流域铜鼓文化历史悠久，源远流长，伴随着西江流域地区的少数民族群众走过了两千多年的风风雨雨，烙下了浓重的民族烙印。同时，得益于山脉河流众多，相对闭塞、自给自足的地理环境，西江流域地区成了全世界铜鼓收藏数量最多、包含铜鼓类型最全面、使用铜鼓时间最长的地区，在世界铜鼓文化圈中占据了重要地位，是世界铜鼓文化的中心地区之一。具体来讲，在铜鼓的数量上，西江流域地区各省市博物馆、文化馆、文物考古部门、民间共收藏铜鼓上万面，数量远远超过了世界上其他任何一个地区；在铜鼓的类型上，西江流域地区诞生及发展了万家坝型铜鼓、石寨山型铜鼓、冷水冲型铜鼓、北流型铜鼓和灵山型铜鼓，在所有八个铜鼓类型中占据了五个。五种类型铜鼓出土数量众多，延续脉络清晰。虽然在唐代之后，西江流域地区原生的五种铜鼓类型已经不再使用，但是发源自贵州地区的麻江型铜鼓却取而代之，成为此后一千多年里西江流域地区少数民族群众使用的唯一铜鼓类型；在铜鼓的使用时间上，西江流域地区自春秋时期便开始使用万家坝型铜鼓，经过石寨山型铜鼓、冷水冲型铜鼓、北流型铜鼓、灵山型铜鼓和麻江型铜鼓，基本完整地经历了铜鼓文化的发端、兴盛和衰败。如今生活在云南、广西、贵州交界红水河流域的壮族、苗族、瑶族、侗族、水族、布依族等少数民族群众在节庆、祭祀、婚丧嫁娶等活动中仍然使用铜鼓，是群众生产生活不可获取的一部分。

　　铜鼓文化经过数千年的延续，虽仍有生命力，但无论是使用地区、铜鼓数量，还是使用人数，保存现状都显得岌岌可危。铜鼓文化是中国传统文化中一个重要的组成部分，西江流域是铜鼓文化的中心区域，有着保护和传承铜鼓文

---

① 闻宥：《古铜鼓图录》，北京：中国古典艺术出版社，1957年。

化的重任，西江流域铜鼓文化的保护与传承关系到整个铜鼓文化的保护与传承，关系到整个中国传统文化的完整性和多样性。因此，铜鼓文化的保护和传承迫在眉睫。在这方面，流域范围内各省市已经做出了许多努力。在政策上，积极出台相关文物保护的法律法规，并且响应国家关于非物质文化遗产保护的号召，制定适合本地区的非物质文化遗产保护政策，大力扶植非遗传承人；在铜鼓铸造技艺上，会同专家学者积极推动铜鼓铸造技艺的复原研究，并且鼓励民间的专业手工艺人自主复制；在铜鼓文化的宣传上，大力发展与铜鼓相关的民俗文化，开发民族村寨，兴办与铜鼓文化相关的展演和活动，运用多种方式加大宣传力度，扩大铜鼓文化的全国影响力。总之，在保护和传承西江流域铜鼓文化的问题上，我们必须坚持以铜鼓保护为基础，以西江流域少数民族铜鼓文化的传承为核心，以西江流域少数民族铜鼓艺术的使用方式为重点，坚持政府、学术界、商界和各族群众的良性互动，在现代化背景下实现西江流域铜鼓文化的传承与发展。

参考文献

著作

（西汉）司马迁：《史记》，北京：中华书局，1963年。

（东汉）班固：《汉书》，北京：中华书局，1962年。

（南朝·宋）范晔：《后汉书》，北京：中华书局，1962年。

（北宋）欧阳修、宋祁：《新唐书》，北京：中华书局，1975年。

（唐）李吉甫：《元和郡县图志》，北京：中华书局，1983年。

蒋廷瑜：《铜鼓史话》，北京：文物出版社，1982年。

中国古代铜鼓研究会：《古代铜鼓学术讨论会论文集》，北京：文物出版社，1982年。

蒋廷瑜：《铜鼓艺术研究》，南宁：广西人民出版社，1988年。

中国古代铜鼓研究会：《中国古代铜鼓》，北京：文物出版社，1988年。

中国古代铜鼓研究会：《铜鼓和青铜文化的新探索》，南宁：广西民族出版社，1993年。

〔奥〕弗朗茨·黑格尔著，石钟健、黎广秀、杨才秀译，中国古代铜鼓研究会编：《东南亚古代金属鼓》，上海：上海古籍出版社，2004年。

王子初：《音乐考古》，北京：文物出版社，2006年。

蒋廷瑜、廖明君：《铜鼓文化》，杭州：浙江人民出版社，2007年。

谢崇安：《壮侗语族先民青铜文化艺术研究》，北京：民族出版社，2007年。

冯汉骥：《冯汉骥论考古学》，上海：上海科学技术文献出版社，2008年。

李昆声、黄德荣：《中国与东南亚的古代铜鼓》，昆明：云南美术出版社，2008年。

蒋廷瑜：《千古传响：铜鼓铿锵震四方》，南宁：广西人民出版社，2009年。

吴伟峰、黄启善、谢日万、梁富林：《河池铜鼓》，南宁：广西民族出版社，2009年。

万辅彬、蒋廷瑜、韦丹芳：《铜鼓》，北京：中国社会出版社，2009年。

广西壮族自治区博物馆、广西文物考古研究所、越南国家历史博物馆：《越南铜鼓》，北京：科学出版社，2011年。

广西壮族自治区博物馆：《广西与东盟青铜文化学术讨论会论文集》，北京：科学出版社，2012年。

万辅彬、蒋廷瑜、韦丹芳、廖明君、蒋英、吴伟峰：《大器铜鼓——铜鼓文化的发展、传承与保护研究》，北京：中国科学技术出版社，2013年。

覃彩銮：《广西开发史》，桂林：广西师范大学出版社，2013年。

李昆声、陈果：《中国云南与越南的青铜文明》，北京：社会科学文献出版社，2013年。

蒋廷瑜：《广西铜鼓文献汇编及铜鼓闻见记》，桂林：广西师范大学出版社，2014年。

李桐：《传承——图说原野中的铜鼓》，南宁：广西民族出版社，2015年。

广西民族博物馆：《广西铜鼓精华》，北京：文物出版社，2017年。

论文

黄增庆：《广西出土铜鼓初探》，《考古》1964年第11期。

云南省文物工作队：《云南祥云大波那木椁铜棺墓清理报告》，《考古》1964年第12期。

何纪生：《略述中国古代铜鼓的分布地域》，《考古》1965年第1期。

洪声：《中国古代铜鼓研究》，《考古学报》1974年第1期。

冯汉骥：《云南晋宁出土铜鼓研究》，《文物》1974年第1期。

汪宁生：《试论中国古代铜鼓》，《考古学报》1978年第2期。

广西壮族自治区文物工作队：《广西西林县普驮铜鼓墓葬》，《文物》1978年第9期。

广西壮族自治区文物工作队：《广西贵县罗泊湾一号墓发掘简报》，《文物》1978年第9期。

李定：《铜鼓》，《文物》1978年第11期。

李伟卿：《中国南方铜鼓的分类和断代》，《考古》1979年第1期。

随县擂鼓墩一号墓考古发掘队：《湖北随县曾侯乙墓发掘简报》，《文物》1979年第7期。

席克定：《试论中国南方铜鼓的社会功能》，《贵州民族研究》1980年第

2 期。

姚舜安：《中国南方古代早期铜鼓的族属》，《广西民族学院学报（哲学社会科学版）》1980 年第 2 期。

李衍垣：《我国南方不同类型铜鼓族属的分析》，《贵州民族研究》1980 年第 3 期。

李昆声、黄德荣：《谈云南早期铜鼓》，《昆明师范学院学报（哲学社会科学版）》1980 年第 4 期。

徐中舒：《錞于与铜鼓》，《社会科学研究》1980 年第 5 期。

李衍垣：《试论我国铜鼓的类型及演变》，《民族研究》1981 年第 1 期。

云南省文物工作队：《楚雄万家坝古墓群发掘报告》，《考古学报》1983 年第 3 期。

童恩正：《试论早期铜鼓》，《考古学报》1983 年第 3 期。

李先登：《论古代西南铜鼓与中原文化的关系》，《天津师范大学学报》1984 年第 1 期。

焦斌：《贵州三都水族自治县的铜鼓现存情况及其他》，《贵州民族研究》1984 年第 4 期。

山东省文物考古研究所：《山东沂水刘家店子春秋墓发掘简报》，《文物》1984 年第 9 期。

李昆声、黄德荣：《论万家坝型铜鼓》，《考古》1990 年第 5 期。

姚舜安：《论灵山型铜鼓》，《考古》1990 年第 10 期。

蒋廷瑜：《关于铜鼓起源的论争》，《故宫博物院院刊》1993 年第 1 期。

蒋廷瑜：《广西铜鼓概论》，《广西社会科学》1993 年第 1 期。

刘伟铿：《古代西江俚僚概说》，《民族研究》1993 年第 5 期。

刘美崧：《骆越铜鼓与东山文化——驳"越南北部是铜鼓的故乡"说》，《中南民族学院学报（哲学社会科学版）》1996 年第 6 期。

郭立新：《论冷水冲型铜鼓的三个地方类型》，《广西民族学院学报（哲学社会科学版）》1997 年增刊。

〔日〕鸟居龙藏：《关于我带回的一面铜鼓》，《贵州民族研究》1997 年第 1 期。

邱明：《僚人与冷水冲型铜鼓的关系》，《云南民族学院学报（哲学社会科学版）》1997 年第 1 期。

郭立新：《论冷水冲型、北流型与灵山型铜鼓的关系》，《广西民族学院学报

（哲学社会科学版）》1997年第3期。

万辅彬：《论田东出土万家坝型铜鼓的意义》，《广西民族学院学报（哲学社会科学版）》1997年第3期。

盘福东：《广西古代铜鼓艺术经济论》，《社会科学家》1997年第4期。

覃乃昌：《"那"文化圈论》，《广西民族研究》1999第4期。

蒋廷瑜：《铜鼓研究一世纪》，《民族研究》2000年第1期。

陈文：《岭南地区铸造古代铜鼓考》，《社会科学家》2000年第1期。

孙关根：《故宫博物院藏铜鼓的类型与年代》，《故宫博物院院刊》2001年第2期。

韦东萍、房明惠、万辅彬、叶挺花：《越南铜鼓样品铅的富集与铅同位素测定》，《广西民族学院学报（自然科学版）》2002年第4期。

韦丹芳：《试论铜鼓文化的变迁》，《广西民族学院学报（哲学社会科学版）》2002年增刊。

万辅彬：《越南东山铜鼓再认识与铜鼓分类新说》，《广西民族学院学报（哲学社会科学版）》2003年第6期。

袁华韬：《铜鼓文化保护与传承——以东兰县长江乡兰阳村周乐屯为例》，《广西民族学院学报（自然科学版）》2005年第4期。

蒋贻杰：《试论铜鼓的组织传播》，《广西大学学报（哲学社会科学版）》2005年第5期。

苏和平：《试论我国南方少数民族的铜鼓艺术》，《西北民族大学学报（哲学社会科学版）》2005年第6期。

秦红增、万辅彬：《壮族铜鼓文化的复兴及其对保护民族民间文化的启示》，《中南民族大学学报（人文社会科学版）》2005年第6期。

蒋廷瑜：《试论长江流域的铜鼓文化》，《长江文化论丛》2005年增刊。

赵东菊：《博物馆与非物质文化遗产的互动》，《广西民族研究》2006年第2期。

李昆声、黄德荣：《再论万家坝型铜鼓》，《考古学报》2007年第2期。

关昕：《非物质文化遗产保护与博物馆发展新趋向》，《博物馆研究》2007年第3期。

谭滟莎：《环北部湾地区的铜鼓文化》，《东南亚纵横》2008年第4期。

蒋廷瑜：《广西古代铜鼓》，《中国文化遗产》2008年第5期。

韦姗杉：《从铜鼓兴衰看古代壮族青铜文化的发展历程》，《文物春秋》2009

年第 2 期。

谭滟莎：《环北部湾地区铜鼓文化的起源与分布》，《广西地方志》2009 年第 4 期。

李晓岑、韩汝玢：《云南祥云县大波那木椁铜棺墓出土铜器研究》，《考古》2010 年第 7 期。

蒋廷瑜：《铜鼓文化在泛北部湾历史研究中的重要地位》，《广西师范大学学报（哲学社会科学版）》2013 年第 1 期。

万辅彬、韦丹芳：《铜鼓文化保护理念与基本措施刍议》，《广西社会科学》2013 年第 9 期。

徐坚：《跨越边界：铜鼓民族考古学的三个范式》，《学术月刊》2013 年第 12 期。

范丽萍：《铜鼓文化在泛北部湾地区的空间分布与价值共享》，《广西师范大学学报（哲学社会科学版）》2014 年第 5 期。

万辅彬、韦丹芳：《试论铜鼓文化圈》，《广西民族研究》2015 年第 1 期。

孔含鑫、吴丹妮：《中国古代铜鼓非炊具论》，《中南民族大学学报（人文社会科学版）》2015 年第 4 期。

曾真：《广西铜鼓图形元素在南宁市建筑设计中的运用》，《美术界》2015 年第 7 期。

彭长林：《铜鼓文化圈的演变过程》，《广西民族研究》2016 年第 1 期。

韦丹凤：《广西活态铜鼓文化研究》，广西民族大学硕士论文，2011 年。

肖乐：《贵州铜鼓民俗文化探析》，贵州师范大学硕士论文，2015 年。

农俊海：《近四十年新发现铜鼓选鉴》，南京大学硕士论文，2016 年。

赵腾宇：《西江流域铜鼓文化研究》，广西师范大学硕士论文，2017 年。

李美燕：《西江中游铜鼓文化研究》，广西师范大学硕士论文，2018 年。

附　　录

广西师范大学王城博物馆收藏的古代铜鼓

王城博物馆是广西师范大学（下简称"师大"）的校办博物馆，前身是师大历史系文物室。在3000多件馆藏文物中，有7面铜鼓尤其引人注目。这7面铜鼓，均为历史系文物室旧藏。20世纪50～60年代，历史系黄现璠、张一民、粟冠昌等老一辈学者参加了全国人大组织的少数民族史调查，这些文物很有可能是在此过程中收集的。长期以来，由于各种原因，这批铜鼓一直没有得到系统研究。为增进对广西古代历史的了解，丰富铜鼓研究资料，本文对我馆收藏的7面铜鼓做简要描述，并对它们的造型与纹饰作类型学上的初步分析。

一、馆藏铜鼓介绍

广西师范大学王城博物馆收藏的古代铜鼓共有7面，它们的藏品编号是352、353、356、357、358、359、390。7面铜鼓的尺寸（厘米）、重量（千克）如表一：

表　一　　　　　　　　　　　　（单位：厘米）

藏品编号	高度	面径	胸径	腰径	足径	重量（千克）
0000358	28.3	50.5	54.5	45.3	50.4	18.08
0000357	28.3	50.5	48.5	47	50.4	15.48
0000359	28.4	48.4	53.5	42.5	49.3	15.21
0000356	26.4	47	57.5	41.5	46.1	15
0000352	32.8	80.8	78	71.5	70	35.28
0000353	38	70	75.5	58	61.5	32.28
0000390	28.5	49.5	48	39.5	47	14.48

根据这 7 面铜鼓的造型、纹饰和整体年代风格等特点，可将它们分为早期、中期、晚期三类。七面铜鼓中藏品编号 352、353 的两鼓为早期铜鼓，390 鼓为中期铜鼓，356、357、358、359 四面铜鼓为晚期铜鼓。

1. 早期铜鼓

352 号铜鼓（图一）的体形很大，鼓面大于鼓身，鼓面边缘有明显的出沿但无下折。鼓面有完整保存的两个青蛙雕塑及残存铸痕四处，青蛙后足不分，为典型的"三足蛙"，青蛙雕塑逆时针环列，残存两蛙各背负一小蛙，形成"累蹲蛙"的形象，青蛙背部以圆涡纹装饰。鼓身大致可分为鼓胸、鼓腰和鼓足三部分，鼓胸及鼓腰平缓弯折，鼓腰和鼓足间以一道凸棱分界，在铜鼓胸腰的分界部铸有四个扁耳，耳较小，耳面饰有叶脉纹，无穿口。352 号铜鼓鼓面以一、二或三弦分晕，共有 18 晕纹饰图案。由鼓面中心向外，依次为：第 1 晕，太阳纹，十二芒夹无廓钱纹，芒穿至二晕；第 2 晕，锯齿纹；第 3、7 晕，无廓钱纹，与太阳纹芒间纹饰同；第 4、6、8、10、11、13、14、16 晕，钱纹；第 5、15 晕，鸟纹；第 9 晕，变形羽人纹；第 12 晕，游旗纹；第 18 晕，锯齿纹。胸饰有三角形纹、钱纹、鸟纹。腰饰有钱纹、变形鸟纹、菱花纹、腰下部有凸棱一道。足部残缺约二分之一，饰四瓣花纹。有扁耳两对，饰辫纹。鼓身有两道合范线。

根据 352 鼓鼓面的"累蹲蛙"形象、鼓身造型及整鼓纹饰等特点，判定其为灵山型铜鼓[①]。另据 352 鼓的鼓面纹饰中的简化图案、四出钱纹、鼓身出现的连钱纹等，可见这面铜鼓的在型式上的定位介乎于洪声分类序列中的乙型Ⅱ式和乙型Ⅲ式之间。352 鼓的鼓面鼓身出现的图案象形而无文字，钱纹形体细小的四出钱纹，与东汉末年的"鹅眼五铢钱"类似。据文献记载，东汉献帝初平元年（190 年）董卓曾铸小钱，但不久即废停，在广西百越地区，直到南朝陈初才盛行"鹅眼"钱[②]。可以认为，遍布 352 号铜鼓鼓身的细小钱文是当时市场混乱、劣钱大行的经济情况的反映。另外一面与 352 号鼓属于同一型式的铜鼓，于 1962 年出土于广西灵山县，出土时在铜鼓内部的泥土中发现了唐代的开元通宝，说明这面铜鼓的埋藏年代不会早于唐代开元通宝的发行时间[③]。这面灵山县

[①] 蒋廷瑜：《广西古代铜鼓》，《中国文化遗产》2008 年第 5 期，第 40～45 页。
[②] 洪声：《广西古代铜鼓研究》，《考古学报》1974 年第 1 期，第 45～90 页。
[③] 汪宁生：《试论中国古代铜鼓》，《考古学报》1978 年第 2 期，第 159～192 页。

出土的铜鼓后来成了八面铜鼓标准器之一，灵山型铜鼓的命名即由此而来。综上所述，可判定352号铜鼓属于灵山型铜鼓，且属于灵山型铜鼓中较晚期的类型，它的年代应划归于南朝至隋唐时期。

图一　352号鼓

353号铜鼓（图二）整体稍小于352号铜鼓，但鼓身、鼓足有多处破损，磨损严重。鼓面边缘略出沿，出沿部分大部破损，鼓面青蛙雕塑已无存，仅残存铸蛙痕迹四处。鼓面下至鼓胸稍稍膨胀，形成胴部，鼓胸下部明显内收，最终以一道凹棱作为鼓胸与鼓腰的分界线。鼓腰较平直，弧度平缓。鼓足已残损，但可见鼓腰与鼓足之间有凸棱分界。在鼓胸下部与鼓腰连接处有扁耳两对，每耳边饰叶脉纹，每只耳上下各有一方形穿孔。鼓身可见有两道合范线。353号鼓面纹饰以一弦或二弦分晕，共有十三晕。第一晕：十二芒太阳纹，芒间无纹饰；第二、五、九、十二晕：栉纹；第三、四、十、十一晕：同心圆纹。其余各晕均因鼓面磨损严重，导致纹饰模糊，无法辨识。鼓胸以栉纹、同心圆纹装饰，鼓腰主要纹饰是变形羽人纹，鼓腰下部辅助以栉纹、同心圆纹装饰。鼓足部全残，剩余部位可辨装饰有栉纹。353号铜鼓的鼓足虽已残损，但鼓腰以上部分的造型及纹饰特点与1972年广西宾阳县六谷村所出铜鼓（图三）基本一致[①]，可认定其为冷水冲型铜鼓。另外，353号铜鼓腰部装饰的变形羽人纹高度图案化、统一化，仅以一组变形的头饰羽冠线条表现舞蹈场景，羽人面部简化为两个同心圆中央加一个实心小圆点。羽冠上的线条纤细平直，末端与隔栏相连。可据此

---

① 农俊海：《广西武鸣县出土一面冷水冲型铜鼓》，《中国古代铜鼓研究通讯》（第二十期），2015年，第3页。

进一步判断该铜鼓为冷水冲型铜鼓"邕江型"中的晚期类型[①]。根据以上类型学研究,初步判定该鼓年代为东汉中晚期。

图二　353号鼓

图三　六谷村鼓

2. 中期铜鼓

390号铜鼓(图四)体形较早期铜鼓已缩小很多。该鼓鼓面出沿,鼓身可分为比例较均匀的鼓胸、鼓腰、鼓足三部分,鼓胸上部略微凸出,最大径与鼓面相差无几,下部逐渐收缩,以一道凹棱作为与鼓腰的分界线,鼓腰较短,上部平直,下部弧度较大,与鼓足部以一道凸棱分界。鼓足部位更加外侈。鼓身有

---

①　郭立新、万辅彬、姚舜安:《论冷水冲型铜鼓的三个地方类型》,《广西民族学院学报(哲学社会科学版)》1997年增刊,第101～104页。

两对扁耳，每耳上各有两方孔。鼓身有两道合范线。

图四 390号鼓

390号铜鼓保存较好，纹饰清晰，鼓面以一或二弦分晕，共有十二晕。第一晕：太阳纹，十二芒夹坠形纹；第二、五、八、十一晕：栉纹；第三、四、九、十晕：同心圆纹；第六、十二晕：素晕；第七晕：变形人纹（主要纹饰）。鼓胸饰栉纹、同心圆纹纹带，鼓腰纹饰简素，仅饰以同心圆纹、栉纹构成的竖向纹带，鼓足部饰复线角形纹。鼓身的两对耳，每耳边缘饰羽纹，耳中部饰雷纹。

该铜鼓整体造型比例和早期铜鼓中的353鼓有一定相似之处，但是390号铜鼓纹饰精简，装饰呆板，铜质薄弱，体形轻小，年代明显晚于353号铜鼓，不能将其划归到早期铜鼓范畴之中。390鼓的尺寸造型及纹饰都十分接近被认定为遵义型Ⅰ式的广西桂平11号鼓（图五），由此可确定本馆390号铜鼓为遵义型铜鼓无疑。相较于广西桂平11号鼓，390鼓的整鼓造型比例缺乏创新之处，如鼓胸下部的内折明显，鼓腰更加平直等特征表明其受冷水冲型晚期的影响更明显。但390鼓的纹饰简化现象却更严重，如鼓面变形人纹头身仅以圆圈、方块代替，鼓胸装饰仅有简单同心圆纹和栉纹，鼓腰部以竖向纹带装饰。整鼓纹饰铸造不精，既不及在它之前的冷水冲晚期类型，也不及后一阶段兴起的麻江型铜鼓，这种造型纹饰特点是一段铜鼓制造低潮期的见证。390号鼓整体体现了较晚的时代特点，对比图册，该鼓接近甚至更晚于贵州遵义市南宋杨粲妻墓所出铜鼓（图六）[①]。因可将390号铜鼓的年代定于南宋时期。

---

① 农俊海：《近四十年新发现铜鼓选鉴》，南京大学硕士论文，2016年。

图五　桂平 11 号鼓

图六　杨粲妻墓铜鼓

3. 晚期铜鼓

356（图七）、357（图九）、358（图一一）、359（图一二）四面铜鼓为晚期铜鼓。四面铜鼓皆体形较小，造型扁矮，鼓面略小于鼓胸，鼓面边缘微微出沿，鼓身的胸、腰和足过度平缓，各部分间无分界标志，在鼓身的中部以一道凸棱，将整鼓分为两部分，四鼓的鼓胸部位，均有大跨度的扁耳两对。在纹饰方面，四面铜鼓的鼓面纹饰均有酉字纹、游旗纹、云纹、乳钉纹等。将四面铜鼓的造型及纹饰特点与铜鼓标准器对比可知，这四面铜鼓都可划定为麻江型铜鼓[①]，但这些铜鼓又各有特点，可依据特点将各鼓细分型式，从而推定时期的早晚。

356 号铜鼓鼓面为一弦分晕，共有十晕。第一晕：太阳纹，十二芒夹坠形纹，芒穿至三晕；第二晕："酉"字纹；第三晕：兽形云纹；第四、八晕：乳钉纹；第五晕：游旗纹（主纹）；第六、十晕：素晕；第七晕：栉纹；第九晕：如意云纹。鼓胸上部饰乳钉纹，乳钉五个一组，呈四瓣花形排列，乳钉纹之下依

---

① 蒋廷瑜：《广西古代铜鼓》，《中国文化遗产》2008 年第 5 期，第 40～45 页。

附 录

次饰以云纹、雷纹、栉纹，鼓胸下部有一道凸棱，作为与鼓腰的分界线。鼓腰饰雷纹、兽形云纹、鼓腰有扁耳两对，耳上无穿口，饰辫纹。鼓足饰复线角形纹。鼓身有四道对称合范线。该铜鼓的尺寸造型、鼓面芒穿三晕、鼓胸四瓣花状排列的乳钉纹等特点极似作为麻江型Ⅲ式铜鼓标准器的道光八年鼓（图八），此型铜鼓的年代为清中期至今①。

图七　356号鼓

 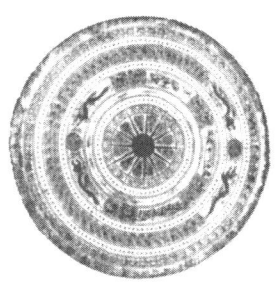

图八　道光八年鼓

图九　357号鼓

---

① 中国古代铜鼓研究会：《中国古代铜鼓》，北京：文物出版社，1988年，第65页。

357号铜鼓鼓面为一弦分晕，共有十二晕。第一晕：太阳纹，十二芒夹坠形纹；第二晕："酉"字纹；第三、十一晕：云纹；第四、十晕：乳钉纹；第五、九晕：栉纹；第六晕：游旗纹（主纹）；第七、八晕、第十二晕：素晕。鼓胸纹饰由上到下依次为乳钉纹、如意云纹、栉纹，鼓胸有扁耳两对，每耳上有三个方形穿口，耳上饰辫纹。每对耳之间的鼓胸上部有两小圆孔。鼓腰纹饰有云纹、雷纹。鼓足饰复线角形纹。鼓身有两道合范线。

357号铜鼓的整体造型较其他三面晚期铜鼓稍有不同，该铜鼓仅在鼓胸上部略有膨胀，鼓胸下部及鼓腰皆平直收缩，鼓胸下部有凸棱一道，作为鼓胸与鼓腰的分界线。由于鼓身平直，鼓胸上部两对耳的跨度也加大了。整鼓曲线不明显，鼓足外侈程度也较其他麻江型铜鼓小，整鼓上给人一种笨重的筒状倒梯形的感觉。这种鼓身弧度减少，鼓身分界不明显，胸外凸弧度少，腰内凹弧度少，足外撇减少的造型发展趋势，不见于麻江型铜鼓所在的滇桂系统铜鼓发展序列，却见于粤桂系统晚期铜鼓的发展特征中①。综上所述，357号铜鼓属于麻江型铜鼓，带有部分粤桂系统晚期铜鼓西盟型Ⅱ式鼓（图一〇）的造型特征。西盟型Ⅱ式鼓的年代大致为元代以后，在滇桂系统麻江型铜鼓的时间段内，因此可以认定，这面357号铜鼓是元明之际桂西北一带的少数民族受到桂西南西盟型鼓造型风格影响铸造生产的一面麻江型铜鼓。

358号铜鼓鼓面为一或二弦分晕，共有十二晕。第一晕：太阳纹，十二芒夹坠形纹；第二晕："酉"字纹；第三晕：缠枝纹；第四、十晕：乳钉纹；第五、九晕：栉纹；第六晕：游旗纹；第七、八、十二晕：素晕；第十一晕：如意云纹。鼓胸纹饰由上到下依次为乳钉纹、如意云纹、栉纹，鼓胸有扁耳两对，每耳上饰羽纹，有三方形穿口。胸下部有一道凸棱作为鼓胸与鼓腰的分界线。鼓腰由上到下依次饰有雷纹、云纹。鼓足饰复线角形纹。鼓身有四道对称合范线。

359号铜鼓鼓面为一弦分晕，共有十一晕。第一晕：太阳纹，十二芒夹坠形纹；第二晕："酉"字纹；第三、九晕：乳钉纹；第四晕：栉纹；第五、七、十一晕：素晕；第六晕：游旗纹（主纹）；第八、十晕：如意云纹。胸饰乳钉纹、栉纹、云纹，鼓胸由上至下依次饰乳钉纹、栉纹、云纹，鼓胸下部有一道凸棱，是鼓胸与鼓腰的分界线。鼓腰由上至下饰缠枝纹、雷纹。足饰复线角形纹。鼓腰有两对扁耳，每耳有三方形穿口，耳上饰羽纹。这两面铜鼓鼓面均有"酉"字纹、缠枝花朵纹、乳钉纹，且以游旗纹作主纹，纹饰及造型与麻江型铜

---

① 农俊海：《近四十年新发现铜鼓选鉴》，南京大学硕士论文，2016年。

鼓标准器天元孔明鼓（图一三）、花桑铜鼓、成化十五年鼓等麻江型中期铜鼓相似，据此可断定它们为麻江型中期铜鼓。

图一〇　西盟型Ⅱ式鼓

图一一　358号鼓　　　　　　　　图一二　359号鼓

图一三　天元孔明鼓

二、结语

通过研究这些铜鼓，不仅可以体味蕴含其中的学术、工艺和美术等方面的价值，也可经由它们回首广西师范大学历史系先辈们筚路蓝缕，艰辛创学，为文物室搜求古物，为师大丰富历史文化内涵的奉献精神。斯人已逝，铜鼓尚存，我们作为后来者，面对铜鼓，不断提出问题，研究开拓，亦是对先师的缅怀与追思。

王城博物馆收藏的7面古代铜鼓，旧藏于师大文物室，原始入藏记录已佚失，目前经初步研究，基本确定了它们的类型，并进一步由类型推知年代和大致的使用地区。这7面铜鼓可划分为早中晚三期，早期类型有唐以前的灵山型铜鼓，冷水冲型铜鼓各1面，中期类型为南宋时期的遵义型铜鼓，晚期类型是4面各具特点的明清麻江型铜鼓。但这些研究远远不够，这7面铜鼓还有很多问题没有解决，尚待我们更深入地探讨。

附记：本文由倪云麒执笔，黄启善教授指导，广西师范大学考古学及博物馆学专业师生集体整理。

后　　记

广西师范大学的考古学及博物馆学硕士点已经办学11年，作为一个地方院校，按照国家定位，无论教学还是科研，都要服务于地方经济社会发展。作为专业教师，尽管我的主要科研方向是新石器时代考古，但出于教学科研的需要，也同样关注历史时期考古。这些年来，自己也写了一些青铜时代乃至秦汉时期考古的文章，同时也指导硕士研究生开展这方面的研究。本书实际上就是这些年来学习和探索过程的总结。总体来说，这些所谓成果实际上还很粗浅，主要是在前人基础上的一些理论思考，也有个人的一孔之见。

西江流域铜鼓文化是一个很重要的问题，学术界讨论也比较充分。本书的独到之处在于将西江流域特别是西江中游地区作为一个单独的文化区来看待，在与周邻地区文化交流背景下探讨粤式铜鼓的兴衰。粤式铜鼓是次生青铜文化，在岭南文化史上有特殊意义，是岭南早期历史上最具有代表性的重器。对其历史价值，本书讨论仍然不够。有些看法也未必准确，希望方家批评指正。另外，本书还探讨了当代铜鼓文化的保护和利用问题，希望能够体现学术研究的应用价值。

本书的写作，在一定意义上是集体成果。我的研究生赵腾宇、李美燕、倪云麒等都做出了很大贡献。还要特别感谢广西壮族自治区博物馆原馆长黄启善教授，指导倪云麒整理了广西师范大学王城博物馆收藏的7面铜鼓，整理结果作为附录附于本书最后，这也是这批资料第一次公开发表。

本书是广西高校人文社科重点研究基地"桂学研究院"建设成果、广西师范大学文化遗产研究中心科研成果，对于提供资助和支持的单位和个人表示衷心感谢。

陈洪波
2018年11月22日